T. C. McLuhan

...wie der Hauch eines Büffels im Winter

Indianische Selbstzeugnisse

Übersetzung von Dr. Elisabeth Schnack

Hoffmann und Campe

Titel der Originalausgabe Touch the Earth
Erschienen bei Promontory Press
© 1971 by T. C. McLuhan

CIP-Kurztitelaufnahme der Deutschen Bibliothek

Wie der Hauch eines Büffels im Winter: indian.
Selbstzeugnisse/T. C. McLuhan. – 1. Aufl. –
Hamburg: Hoffmann und Campe, 1979.
  Einheitssacht.: Touch the Earth ‹dt.›
  ISBN 3-455-08868-6

NE: McLuhan, T. C. [Hrsg.]; EST

© Hoffmann und Campe Verlag, Hamburg 1979
Gesetzt aus der Century Expanded
Satzherstellung A. Utesch GmbH, Hamburg
Druck und Bindearbeiten Richterdruck, Würzburg
Printed in Germany

Inhalt

Danksagungen

Ich danke folgenden Personen für ihre freundliche Unterstützung, ihren Rat und ihre Hilfe bei der Zusammenstellung dieses Buches:

Arley Bondarin für die Hilfe bei der Auswahl der Fotos; Dr. Edmund Carpenter, der mich auf außergewöhnliche und interessante Texte hinwies; Jim Davey aus Ottawa und Sol Lewis aus New York für ihre mühevolle Mitarbeit und Hilfe; Dr. Ed Rogers vom Royal Ontario Museum, Toronto; und Dr. Sam Stanley vom Smithonian Institut, Washington.

Mein besonderer Dank gilt Geoffrey für seine unermüdliche Unterstützung und Geduld. Ohne ihn hätte ich dieses Buch nie vollendet.

Einleitung

Der Geist der Erde

Das Leid des Indianers, als er den Niedergang seines Volkes erlebte, hat der Weiße nie wirklich begriffen, und er wird es wohl auch nicht tun. Wenn Black Elk, ein religiöser Führer der Oglalla Sioux, von der »Schönheit und Eigenart der Erde« spricht, drückt er seine Ehrfurcht vor seiner alltäglichen Umgebung aus – einer Umgebung, mit der das indianische Leben vollständig verflochten war. Als man die wilden Herden getötet und das geheiligte Land ihrer Vorfahren überrannt hatte, starb zumindest eine Eigenschaft des indianischen Charakters. Die Frage nach dem Wesen der Indianer war untrennbar damit verbunden, wo und wie sie lebten.

Im vorliegenden Buch äußern sich die Indianer in eigener Sache. Die einzelnen Abschnitte dieses Buches sind den Reden und – für die neuere Zeit – den Schriften von Indianern entnommen, die zwischen dem Sechzehnten und dem Zwanzigsten Jahrhundert in allen Teilen des nordamerikanischen Kontinents lebten. Sie sprechen höflich und voller Ehrerbietung von ihrem Land, von den Tieren und von allen Dingen, die zu ihrer Umgebung gehörten. Sie hielten es für eine Untugend, anderen Geschöpfen oder der Natur ihren Willen aufzuzwingen: Persönlicher Erwerb war für sie fast immer ein Weg in die Armut, nicht zum Reichtum. Der Sinn ihres Lebens war bestimmt durch ihre Beziehung zueinander und zu ihrer Heimat – und allem wurde durch ihr tief verwurzeltes Geschichtsbewußtsein lebendige Resonanz verliehen.

Eine Wintu-Frau, die vor etwa 15 Jahren in Kalifornien lebte und in deren Nähe weiße Männer mit Hilfe hydraulischer Verfahren und Sprengungen nach Gold schürften, meinte dazu: »Wenn wir wegen der Heuschrecken Gras abbrennen, vernichten wir nicht gleich alles. Wir schütteln Eicheln und Kiefernzapfen von den Bäumen. Doch die Weißen pflügen den Boden auf, reißen die Bäume um und töten alles . . . Wie kann der Geist der Erde den Weißen Mann lieben? Wo immer der Weiße Mann die Erde berührt hat, ist sie wund.« Die gleiche Einstellung spiegelt ein Brief wider, der kürzlich von den religiösen Führern des Hopi-Volkes an den Präsidenten der Vereinigten Staaten geschrieben wurde und im vierten Teil dieses Buches abgedruckt ist.

Viele Text-Passagen dieses Buches zeigen die Versuche der Indianer, dem Weißen Mann ihre Gedanken nahezubringen; sei es als Entgegenkommen, sei es in der Hoffnung, daß der Weiße Mann den Indianer in Ruhe lassen würde, wenn er ihn nur besser verstehen könnte. Je mehr die Indianer von den Eigenheiten des Weißen Mannes erfuhren, desto stärker änderte sich der Tenor ihrer Äußerungen. Ihre Stimme klang zuerst verblüfft, dann zornig und verzweifelt, bis sie schließlich ohne jede Hoffnung war.

Für uns Weiße ist es heute leicht, uns über das Schicksal der Indianer zu empören und sie teilnahmsvoll unserer Trauer zu versichern. Derartigen Gefühlen begegnen die Indianer, auch stellvertretend für ihre toten Brüder, nur mit Mitleid und Verachtung. Man macht es sich zu einfach, wenn man nur Anteilnahme empfindet für ein Volk, dessen Kultur zerstört wurde. Damit die Stimme der Indianer endlich wieder gehört wird, wurde das vorliegende Buch zusammengestellt, voller Achtung vor dem indianischen Volk und, wie ich hoffe, mit dem ihm gebührenden Taktgefühl.

Selbstverständlich liegt für die heutigen Bewohner Amerikas eine menschenwürdige Zukunft einzig in der Wiederentdeckung der Umwelt. Die Amerikaner müssen eine sinnvolle Einstellung zu ihrem Land und seinen natürlichen Reichtümern finden; andernfalls würde der Vernichtung des Indianers die weitere Zerstörung der Natur folgen, und auf die Zerstörung der Natur die Vernichtung auch der »zivilisierten« Menschen.

Die Indianer haben das schon immer gewußt. Während vieler Generationen lernten sie, wie sie in Amerika im Gleichgewicht mit ihrer Umwelt und ihren Bedürfnissen leben mußten. Nachdem wir Hunderte von Jahren ihre Weisheit mißachtet haben, werden wir vielleicht jetzt von den Indianern lernen.

Dies ist kein Lehrbuch. Einige Stellen sind bekannt, aber zu wichtig, um ausgelassen zu werden. Die meisten fanden sich in Büchern, Manuskripten und Papieren von mehr oder weniger unsicherer Herkunft. Bei einigen wird die Authentizität der Quelle von den Wissenschaftlern angezweifelt oder ist zumindest umstritten; in solchen Fällen, die manchmal auch im Text extra angegeben sind, wurde eine Version benutzt, die am meisten mit den erhältlichen Informationen übereinstimmt.

Die Bilder in diesem Buch wurden in den Anfängen unseres Jahrhunderts von Edward S. Curtis mit Unterstützung von J. Pierpont Morgan und Präsident Roosevelt aufgenommen. Curtis brauchte viele Jahre, um mit außerordentlichem fotografischen Geschick ein Volk und eine Lebensweise festzuhalten, die, wie er genau wußte, zum Untergang verurteilt waren.

1. Die Morgensonne, die junge, liebliche Erde und die grosse Stille.

Wir lebten immer in Fülle; unsere Kinder weinten nie vor Hunger, und unserem Volk fehlte es an nichts . . . Die Stromschnellen des Rock River versorgten uns mit vortrefflichem Fisch im Überfluß. Der Boden war fruchtbar, und wir ernteten reichlich: Mais, Bohnen und Kürbisse . . . Hier stand unser Dorf seit über hundert Jahren, und in dieser langen Zeit hat nie jemand versucht, uns den Besitz des Mississippi-Tales streitig zu machen . . . Kaum ein anderer Ort in diesem Land besaß so viele Vorzüge; und weit und breit gab es keine besseren Jagdgründe als die in unserem Tal. Wäre in jenen Tagen ein Prophet in unser Dorf gekommen und hätte uns von den schrecklichen Ereignissen erzählt, die seither geschehen sind, keiner von unserem Volk hätte ihm geglaubt.

Ma-ka-tai-me-she- kia-kiak oder Black Hawk, Häuptling der Sauk und Fox.

Navajo-Indianer im Cañon de Chelley

Heilige Mutter Erde,
die Bäume und die ganze Natur
sind Zeugen deiner Gedanken und Taten.

Ein Spruch der Winnebago

Wir lieben die Stille;
wir lassen die Mäuse spielen,
und wenn der Wind in den Wäldern rauscht,
fürchten wir uns nicht.

Indianerhäuptling
an den Gouverneur von Pennsylvania,
1796

Der Häuptling Luther Standing Bear, geboren 1868, verlebte seine frühe Kindheit in der Prärie von Nebraska und South Dakota. Mit elf Jahren war er einer der ersten »Studenten«, die die 1879 gegründete Indianerschule in Carlisle/Pennsylvania besuchten. Nach vier Jahren Schulzeit unterrichtete er dann selbst im Rosebud Reservat in South Dakota. 1898 schloß er sich der Wildwest-Show von Buffalo Bill als Dolmetscher an. Später hielt er Vorlesungen und veröffentlichte eine Reihe schriftstellerischer Arbeiten. In einem Bericht spricht der Häuptling von den Lakota, einem westlichen Stamm der Prärie-Indianer, die jetzt als Sioux bekannt sind. (Die östlichen Gruppen nannten sich Dakota.) Heute unterscheidet man nicht mehr so genau: Die Namen Lakota und Dakota sind mehr oder weniger austauschbar.

Der Lakota-Indianer war ein echter Sohn der Natur, er liebte sie, die Erde und alles, was auf ihr lebte. Diese Zuneigung steigerte sich im Alter. Alte Leute verehrten den Boden geradezu, und in dem Gefühl, einer mütterlichen Macht nahe zu sein, saßen oder lagen sie auf der Erde, so oft sie konnten. Es tat der Haut gut, die Erde zu berühren; und die alten Leute gingen gern mit bloßen Füßen über den heiligen Erdboden. Sie errichteten ihre Zelte auf der Erde und bauten ihre Altäre aus Lehm. Die Vögel, die durch die Luft flogen, ließen sich auf der Erde nieder; sie war der letzte Ruheplatz aller Lebewesen, der Menschen, Tiere und Pflanzen. Die Erde beruhigte und stärkte, reinigte und heilte.

Aus diesem Grund sitzt auch der alte Indianer noch immer auf der Erde, anstatt sich irgendwo höher zu betten, getrennt von den Leben spendenden Kräften. Auf der Erde zu sitzen oder zu liegen bedeutet für ihn, schärfer denken zu können und tiefer zu fühlen; dort kann er die Geheimnisse des Lebens klarer deuten und empfindet nahe Verwandtschaft mit den anderen Lebewesen um sich her . . .

Verwandtschaft mit allen Lebewesen der Erde, des Himmels und des Wassers zu fühlen, war ein aufrichtiger und wichtiger Grundsatz im Leben der Lakotas. Sie achteten Tiere und Vögel wie Brüder und Schwestern und begegneten ihnen ohne jede Furcht. Manche Lakotas fühlten sich ihren gefiederten und Pelz tragenden Nachbarn so nahe, daß sie die Sprache der wilden Geschöpfe verstehen konnten.

Der alte Lakota war weise. Er wußte, daß fern von der Natur das Herz des Menschen verhärtet; und er wußte: wer Pflanzen und Tiere nicht achtet, wird auch bald seine Achtung vor den Menschen verlieren. Deshalb sah er darauf, daß die jungen Leute sich dem besänftigenden Einfluß der lebendigen Natur nicht entzogen.

Ohiyesa oder Charles Eastman, ein Arzt und Autor der Santee Dakota, wurde 1858 in der Nähe von Redwood Falls in Minnesota geboren. Vier Jahre später, nach dem Massaker von Minnesota im Jahre 1862, floh er mit seinem Onkel nach Kanada, wo er bis zu seinem fünfzehnten Lebensjahr das Nomadenleben der Sioux führte. 1887 besuchte er das Dartmouth College, erwarb drei Jahre später an der Universität Boston den Doktortitel. Er arbeitete drei Jahre – während der Geistertanz-Unruhen – als Regierungsarzt für die Pine Ridge Agency in South Dakota und eröffnete danach eine Privatpraxis. Etwa zu dieser Zeit begann er zu schreiben und Vorträge zu halten; sein erstes Buch, *Indian Boyhood,* erschien 1902. Ohiyesa ist der vielleicht berühmteste indianische Schriftsteller. Er starb 1939.

Ich weiß, daß unser Volk außergewöhnlich begabt dafür war, sich zu konzentrieren und in seine Umwelt zu vertiefen, und manchmal denke ich, daß die Nähe zur Natur, so wie ich sie beschrieben habe, den Geist für Eindrücke, die man normalerweise nicht spürt, empfänglich macht und mit den unsichtbaren Mächten in Berührung hält. Einige von uns besitzen einen erstaunlichen Spürsinn, wenn es gilt, ein altes Grab zu finden, den sie damit erklären, daß sie einen Fingerzeig von dem verschiedenen Geist erhalten hätten. Meine Großmutter hatte diese Gabe auch, und es gehört zu meinen frühesten Erinnerungen, daß mein Bruder und ich, wenn wir in einer fremden Gegend unser Lager aufschlugen, menschliche Knochen an genau der Stelle fanden, die sie uns als alte Grabstätte angegeben hatte, oder als Ort, wo ein einsamer Krieger gefallen war. Die äußeren Spuren eines solchen Grabes waren natürlich längst verwischt.

Nachfolgende Rede wurde 1855 anläßlich einer indianischen Ratsversammlung im Walla-Walla-Tal gehalten. Die Weißen waren durch den Gouverneur des Washington-Territoriums, Isaac Stevens, als Präsidenten, und General Palmer, den Inspektor für Indianische Angelegenheiten in Oregon vertreten. Gouverneur Stevens beabsichtigte, drei Reservate einzurichten: eins für die Cayuse, die Walla-Walla und die Umatilla, ein zweites für die Nez Percé und ein drittes für die Yakima. Young Chief, der Cayuse, widersetzte sich dem Vertrag und begründete seine Einwände damit, daß kein Indianer das Recht hätte, das Land zu verkaufen, das ihm vom Großen Geist für ihre Lebensgrundlage geschenkt worden war. Er hielt diese Ansprache, bevor die Indianer den Vertrag dann doch unterzeichneten und ihr Land abtraten:

Ich möchte wohl wissen, ob das Land zu alldem schweigt. Ich möchte wohl wissen, ob das Land nicht hört, was hier gesagt wird. Ich frage mich, ob das Land und alles, was auf ihm ist, nicht gerade jetzt erwacht. Und ich höre, was das Land sagt. Das Land sagt: Der Große Geist ist es, der mich hier hingebreitet hat. Der Große Geist mahnt mich, für die Indianer zu sorgen und sie gut zu ernähren. Der Große Geist hat die Wurzeln dazu bestimmt, die Indianer zu ernähren. Das Wasser sagt dasselbe. Der Große Geist beauftragt mich: Ernähre die Indianer gut! Das Gras sagt dasselbe. Ernähre die Indianer gut! Land, Wasser und Gras sagen: Der Große Geist hat uns unsere Namen gegeben. Wir haben diese Namen und behalten diese Namen. Das Land sagt: Der Große Geist hat mich hier hingebreitet, um alles hervorzubringen, was auf mir wächst, Bäume und Früchte. Und das Land sagt auch: Ich war es, aus meiner Erde wurde der Mensch gemacht. Als der Große Geist Menschen auf die Erde setzte, verlangte er, daß sie gut für das Land sorgen und einander keinen Schaden zufügen sollten.

Travaux Piegan

Im Jahre 1859 ratifizierte der Senat der Vereinigten Staaten den Vertrag, der 1855 in Walla-Walla mit den Yakima-Indianern abgeschlossen wurde. In dem Vertrag wurden den Indianern bestimmte Ländereien zugesprochen, andere Gebiete wurden an die Vereinigten Staaten abgetreten. Das Oberste Bundesgericht legte – wenn auch nicht einstimmig – bei einem Präzedenzfall den Vertrag zugunsten der Indianer aus. Ein zweiter Präzedenzfall wurde aufgerollt. Häuptling Weninock trat als Zeuge auf und machte die hier wiedergegebene Aussage (ungefähr im Jahr 1915). Schließlich setzten die Indianer sich durch: Sie durften weiterhin unbelästigt an ihren angestammten Fangplätzen fischen.

Gott schuf das Land der Indianer und es war, als breitete er eine große Decke aus. Darauf setzte er die Indianer. Hier in diesem Land wurden sie erschaffen, gewiß und wahrhaftig, und das war die Zeit, als dieser Fluß zu fließen begann. Dann schuf Gott Fische in diesem Fluß und setzte Wild auf die Berge und nach seinen Gesetzen vermehrten sich die Fische und das Wild. Dann erweckte der Schöpfer uns Indianer zum Leben; wir konnten gehen, und sobald wir das Wild und die Fische sahen, wußten wir, daß sie für uns erschaffen waren. Gott ließ Wurzeln und Beeren wachsen, damit unsere Frauen sie sammeln konnten, und die Indianer gediehen und vermehrten sich und wurden ein ganzes Volk.

Als wir erschaffen wurden, wurde uns unser Land gegeben, um darauf zu wohnen, und von jenem Tage an war dies unser Recht. All das ist wahr. Wir hatten Fische, ehe die Missionare kamen und ehe der Weiße Mann kam. Wir wurden vom Schöpfer hierhergesetzt, und das waren unsere Rechte, so weit meine Erinnerung und die meines Großvaters reicht. Das war die Nahrung, von der wir lebten. Meine Mutter sammelte Beeren; mein Vater fischte und erlegte das Wild. So lauten meine Worte, und sie sind wahr. Meine Kraft stammt von den Fischen, mein Blut stammt von den Fischen, den Wurzeln und Beeren. Fische und Wild sind der Kern meines Lebens. Ich wurde nicht aus einem fremden Land hierhergebracht und kam nicht von auswärts her. Ich wurde vom Schöpfer hierhergesetzt.

Wir hatten keine Rinder, keine Schweine, kein Getreide, nur Beeren und Wurzeln und Wild und Fisch. Wir ahnten nicht, daß wir wegen dieser Dinge belästigt würden, und ich sage euch, mein Volk, und glaube es, daß es nicht Unrecht von uns ist, wenn wir uns diese Nahrung verschaffen. Wann immer eine neue Jahreszeit beginnt, wendet sich mein Herz voll Dankbarkeit zum Schöpfer, der so großzügig ist und uns Nahrung gibt.

Ich will diesen Vertrag, um den Beamten zu erklären, wie unsere Fischereirechte waren. Ich war mit meinem Vater bei der Ratsversammlung in Walla-Walla: Er war einer der Häuptlinge, die den Vertrag unterzeichneten. Ich erinnere mich genau, wie über diesen Vertrag gesprochen wurde. Dort in Walla-Walla waren mehr Indianer als jemals an einem Ort dieses Landes zusammengekommen. Außer den Frauen und Kindern waren zweitausend indianische Krieger dort, und sie waren ungefähr einen Mond dort, während der gleichen Jahreszeit wie jetzt, im Mai und im Juni.

Die Indianer und die Kommissäre sprachen viele Tage über das, was in dem Vertrag stehen sollte. Eines Tages las Gouverneur Stevens vor, was er geschrieben hatte, und durch einen Dolmetscher ließ er es den Indianern erklären. Nachdem jeder gesprochen hatte, und nachdem Pu-Pu-Mox-Mox gesprochen hatte, wollte General Stevens auch den obersten Häuptling der Yakima hören. Er sagte: »Kamiaken, der große Häuptling der Yakima, hat überhaupt noch nicht gesprochen. Noch keiner von seinem Volk hat die Stimme erhoben. Er fürchtet sich nicht vor dem Sprechen – so möge er denn sprechen!«

Es war gesagt worden, daß mehr und mehr Weiße ins Land der Indianer kämen und daß die Indianer dann von ihren Jagdgründen und Fangplätzen vertrieben würden, doch dann versprach Gouverneur Stevens den Indianern, daß die Rechte der Indianer geschützt würden, wenn der Weiße Mann herkäme.

Daraufhin sagte Häuptling Kamiaken: »Ich fürchte, daß die Weißen Männer nicht aufrichtig sprechen, daß ihre Kinder nicht tun werden, was unsere Kinder für recht halten, und daß ihre Kinder nicht tun werden, was Ihr uns versprochen habt.«

Crowfoot, ein großer Jäger, tapferer Krieger und begabter Redner, wurde 1821 in Blackfoot Crossing am Bow River geboren, dem heutigen Territorium in der Provinz Alberta/Kanada. Schon bald war er Wortführer der Blackfoot Konföderation. Im September 1877 trat er im Auftrag seiner Nation zwar widerwillig, aber vertrauensvoll 50 000 Quadratmeilen Prärieland an die kanadische Regierung ab. Dieser Vertrag hatte verhängnisvolle Folgen: Die wandernden Büffelherden wurden systematisch ausgerottet; viele Blackfeet verhungerten. Kurz vor seinem Tod im April des Jahres 1890 galten seine letzten Worte der Bedeutung des Lebens:

W as ist das Leben? Es ist das Aufleuchten eines Glühwurms in der Nacht. Es ist der Hauch eines Büffels im Winter. Es ist der kleine Schatten, der über das Gras huscht und sich im Sonnenuntergang verliert.

Indianerinnen beim Weizenwaschen (San Juan)

»Die große Sorgfalt, mit der so viele Indianer jeden Teil vom Kadaver eines erlegten Tieres verwerteten«, schreibt die Anthropologin Dorothy Lee, »war keine Äußerung von haushälterischer Sparsamkeit, sondern von Rücksicht und Achtung, ja tatsächlich eine Form religiöser Verbundenheit mit dem Getöteten.« Die Wintu-Indianer Kaliforniens lebten in dicht bewaldetem Land, wo man kaum offenes Gelände fand, um Häuser zu bauen. »Trotzdem«, fährt Lee fort, »benutzten sie aus Achtung vor der Natur nur totes Holz als Brennstoff.« Im folgenden Abschnitt spricht eine alte Wintu-Frau bekümmert über die unnötige Zerstörung des Landes, in dem sie lebte, einer Gegend, in der das Goldschürfen und besonders das Abschlämmen mit Wasserstrahlen den Boden aufgerissen hatten.

Den Weißen war das Land gleichgültig; sie liebten den Hirsch nicht, oder den Bären. Wenn wir Indianer Wild erlegen, essen wir alles Fleisch auf. Wenn wir Wurzeln sammeln, graben wir nur kleine Löcher. Wenn wir Häuser bauen, graben wir nur kleine Löcher. Wenn wir wegen der Heuschrecken Gras abbrennen, zerstören wir nichts. Wir schütteln die Eicheln und Kiefernzapfen auf den Boden. Wir fällen keine Bäume. Wir benutzen nur totes Holz. Aber die Weißen wühlen den Boden auf, sie reißen die Bäume um und töten alles. Die Bäume sagen: »Tu's nicht! Ich bin verwundet! Tu mir nicht weh!« Aber sie fällen die Bäume und zerhacken sie. Der Geist des Bodens haßt sie. Sie sprengen Bäume aus der Erde und wühlen den Boden bis in die Tiefe auf. Sie zersägen die Bäume. Das tut ihnen weh. Die Indianer verletzen nie etwas, aber die Weißen zerstören alles. Sie sprengen Steine und verstreuen sie über den Boden. Der Stein sagt: »Tu's nicht! Du tust mir weh!« Aber die Weißen achten nicht darauf. Wenn die Indianer Steine benutzen, nehmen sie die kleinen runden für ihre Kochstelle. Wie kann der Geist der Erde den Weißen Mann lieben? Überall, wo der Weiße die Erde berührt, ist sie wund . . .

Der Sioux Tatanka-ohitika oder »Brave Buffalo« war – wie schon sein Vater – ein berühmter Medizinmann im Standing Rock-Reservat. Tatanka-ohitika wurde in der Nähe des heutigen Pollock in North Dakota geboren. Im Jahre 1911, dreiundsiebzigjährig, beschrieb er seinen Traum vom heiligen Stein, denn für die Sioux haben große Steine religiöse Bedeutung. Tatanka-ohitika spricht von Wakan tanka, der Sioux-Bezeichnung für das Höhere Wesen, das der Ursprung aller Dinge ist. Wakan bedeutet geheimnisvoll, tanka bedeutet groß. »Die genaue Bedeutung dieses Wortes im Sinne der Sioux ist ebenso schwierig zu erklären wie die genaue Bedeutung des Wortes Gott im Sinne der Christen«, erklärt Frances Densmore (in *Teton Sioux Music.*)*

Als ich zehn Jahre alt war, blickte ich auf das Land und auf die Flüsse, auf den Himmel über mir und auf die Tiere rund um mich her, und ich erkannte, daß eine große Kraft sie erschaffen haben mußte. Ich war so begierig, diese Kraft zu begreifen, daß ich Bäume und Büsche befragte. Mir schien, daß die Blumen mich anblickten, und ich wollte sie gern fragen: »Wer hat euch erschaffen?« Ich blickte auf die moosbedeckten Steine; einige von ihnen schienen die Gesichtszüge eines Mannes zu tragen, aber sie konnten mir keine Antwort geben. Dann hatte ich einen Traum, und im Traum sah ich einen dieser kleinen runden Steine. Er sagte mir, daß Wakan tanka der Schöpfer aller Dinge sei, und daß, um ihn zu ehren, ich seine Werke in der Natur ehren müsse. Er sagte, daß ich mich übernatürlicher Hilfe würdig erwiesen hätte, weil ich nach dem Ursprung aller Dinge gesucht hätte. Er sagte, daß ich IHN um Beistand bitten dürfe, wenn ich einen Kranken heilen wolle, und daß alle Kräfte der Natur mir dabei helfen würden.

* siehe Anmerkung

Es ist nicht ohne Bedeutung, daß man bestimmte Steine nicht in der Erde vergraben, sondern auf der Kuppe hoher Berge findet. Sie sind so rund wie Sonne und Mond, und wir wissen, daß alle runden Dinge miteinander verwandt sind. Dinge, die einander in ihrem Wesen gleich sind, gleichen einander mit der Zeit auch äußerlich, und diese Steine haben lange dort gelegen und zur Sonne aufgeblickt. Viele Kiesel und Steine wurden von der Strömung eines Flusses geformt; doch diese Steine fand man weit weg vom Wasser. Sie waren nur der Sonne und dem Wind ausgesetzt. In der Erde, unter ihrer Oberfläche verborgen, liegen viele Tausende solcher Steine. Diese Steine sollen mit dem Donnervogel verwandt sein; und wenn ein Mensch oder ein Tier gestraft werden soll, wird es vom Donnervogel erschlagen; und könnte man dem Weg des Blitzstrahls folgen, fände man einen dieser Steine eingebettet im Erdboden. Einige Menschen glauben, daß diese Steine mit dem Blitzstrahl vom Himmel geschleudert werden; aber ich glaube, daß sie auf dem Boden liegen und vom Blitzstrahl hineingestoßen werden. Mein ganzes Leben bin ich den heiligen Steinen treu gewesen. Ich habe ihren Wünschen gehorcht, und sie haben mir bei all meinen Sorgen geholfen. Ich habe versucht, so viel wie möglich zu lernen, um diesen heiligen Steinen ehrerbietig zu begegnen, denn ich weiß, daß ich nicht würdig bin, mit Wakan tanka zu sprechen. Ich trage meine Bitte den Steinen vor, und sie sind meine Fürsprecher.

Okute oder Shooter, ein alter Teton Sioux, spricht im Jahr 1911 von seinem heiligen Glauben und erklärt, daß sein Volk an eine geheimnisvolle Macht glaube, deren größte Offenbarung die Natur sei. Diese Kraft werde auch von der Sonne verkörpert. Redbird, Angehöriger desselben Stammes, fügt hinzu: »Wir brachten der Sonne Opfer dar und unsere Bitten wurden erfüllt.«

Alle Geschöpfe und alle Pflanzen erhalten ihr Leben von der Sonne. Ohne Sonne wäre es finster, und nichts könnte wachsen – die Erde wäre ohne Leben. Doch die Sonne braucht die Hilfe der Erde. Wenn die Sonne allein auf Tiere und Pflanzen niederbrennen würde, wäre es so heiß, daß alles Leben sterben müßte; doch es gibt Wolken, die Regen bringen, und das Zusammenspiel von Sonne und Erde versorgt alle Geschöpfe mit Leben spendender Feuchtigkeit. Die Wurzeln einer Pflanze reichen tief in die Erde, und je tiefer sie hinuntergehen, desto mehr Feuchtigkeit finden sie. Sie folgen den Gesetzen der Natur und bezeugen Wakan tankas Weisheit. Wakan tanka ruft die Pflanzen, und auf seinen Befehl kommen sie aus der Erde: Der Teil einer Pflanze, der Sonne und Regen braucht, lebt über der Erde, aber die Wurzeln dringen abwärts, suchen Feuchtigkeit und ernähren die Pflanze. Tiere und Pflanzen lernen von Wakan tanka, wie sie sich verhalten müssen. Wakan tanka lehrt die Vögel, Nester zu bauen, doch nicht alle Vögel haben die gleichen Nester. Wakan tanka zeigt ihnen nur die äußere Form. Manche bauen kunstvollere Nester als andere. Und so sind manche Tiere mit sehr einfachen Wohnungen zufrieden, während andere sich hübsche Behausungen bauen. Einige Tiere ziehen ihre Jungen mit mehr Sorgfalt auf als andere. Der Wald ist die Heimat vieler Vögel und anderer Tiere, und im Wasser leben Fische, Frösche und manche Schlangen. Die Vögel, auch wenn sie der gleichen Gattung angehören, sind doch alle verschieden, und so ist es bei den Vierbeinern und bei den Menschen. Wakan tanka hat nie zwei genau gleiche Pflanzen, Tiere oder Menschen geschaffen, weil er wollte, daß jedes Lebewesen ein freies, unabhängiges Dasein führen und seinen eigenen Fähigkeiten vertrauen sollte. Manche Tiere sind dazu geschaffen, in der Erde zu leben. Auch Steine und Mineralien hat Wakan tanka in den Boden getan. Einige Steine liegen näher an der Oberfläche, andere tief in der Erde. Wenn ein Medizinmann sagt, daß er mit den heiligen Steinen spricht, tut er es deshalb, weil sie von allem, was der Boden enthält, am häufigsten in Träumen erscheinen und mit den Menschen Verbindung aufnehmen können.

Seit meiner Knabenzeit habe ich Blätter, Bäume und Gräser beobachtet und nie zwei genau gleiche derselben Art gefunden. Oberflächlich betrachtet mögen sie sich täuschend ähnlich sein, aber bei näherem Hinsehen fand ich, daß sie sich ein wenig voneinander unterschieden. Pflanzen gehören verschiedenen Familien an . . . bei den Tieren verhält es sich ebenso . . . bei den Menschen auch; und für alle gibt es einen Lebensraum, der am besten für sie geeignet ist. Die Samen der Pflanzen werden vom Wind umhergeweht, bis sie die Stelle erreichen, wo sie am besten gedeihen – wo sie genau so viel Sonnenwärme und Feuchtigkeit finden, wie sie brauchen, und dort schlagen sie Wurzeln und wachsen. Jedes Tier und jede Pflanze ist nützlich für den Kreislauf der Natur. Bestimmte Tiere erfüllen mit ihrem Verhalten eine bestimmte Aufgabe. Krähen, Bussarde und selbst die kleinen Fliegen säubern den Wald von Tierkadavern, und sogar das Dasein der Schlangen ist sinnvoll . . . Vor langer Zeit schweiften die Tiere wahrscheinlich unendlich weit über das Land, bevor sie einen geeigneten Lebensraum fanden. Ein Tier ist stark von seiner natürlichen Umgebung abhängig. Wenn heute noch Büffel lebten, wären sie ganz sicher anders, als die Büffel der alten Zeit, weil sich all ihre natürlichen Lebensbedingungen verändert haben. Sie würden nicht die gleiche Nahrung finden und auch nicht die gleiche Umgebung. Wir können die Veränderungen an unseren Ponys beobachten. Früher konnten sie große Strapazen ertragen und weite Entfernungen zurücklegen, ohne zu trinken. Sie fraßen gesundes Futter und tranken klares Wasser. Jetzt brauchen wir für unsere Ponys eine Futtermischung; sie sind weniger ausdauernd, häufiger krank und müssen sorgfältig gepflegt werden. So ergeht es auch den Indianern: Sie haben ihre Freiheit verloren und werden leicht Opfer von Krankheiten. In der alten Zeit waren sie abgehärtet und gesund, tranken reines Wasser und aßen das Fleisch von Büffeln, die weit über die Prärie gewandert waren und die nicht, wie heute die Rinder, eingesperrt wurden. Das Wasser des Missouri ist nicht mehr so sauber, wie es früher war, und selbst aus vielen kleinen Flüssen unserer Heimat können wir nicht mehr trinken.

Der Mensch sollte das Reine, Unverfälschte dem Künstlichen vorziehen. Vor langer Zeit wußte man nichts davon, künstlich Farbe herzustellen. Es gab nur drei unterschiedliche, natürliche Farbtöne, die aus Erde gewonnen wurden: rot, schwarz und weiß. Diese Erde konnte man nur an ganz bestimmten Stellen finden. Wenn die Indianer andere Farbtöne erhalten wollten, mischten sie Pflanzenfarben; aber wir merkten bald, daß diese Mischfarben schnell verblaßten, und man konnte immer erkennen, welches Rot echt und haltbar war, das Rot von gebranntem Lehm.

Navajo-Altar

N. Scott Momaday, Kiowa-Indianer und Träger eines Pulitzer-Preises, über eine Pilgerfahrt, die er zum Grab seiner Großmutter machte:

Auf der Ebene Oklahomas, nördlich und westlich der Wichita Range, erhebt sich ein freistehender Hügel. Für mein Volk, die Kiowas, ist seine Silhouette ein altes Wahrzeichen, und sie gaben ihm den Namen Rainy Mountain. Dort herrschen die wohl denkbar extremsten Witterungsbedingungen. Im Winter toben eisige Blizzards, im Frühjahr erheben sich heiße Tornados, und im Sommer gleicht die Prärie einem rissigen, vertrockneten Fladenbrot. Das Gras verdorrt, wird braun und bricht unter den Schritten des Wanderers. Die Uferzonen des Flusses und seiner Seitenarme sind grün, bewachsen von Hickory und Pekangehölzen, zuweilen auch von Weiden und Zaubernuß. Aus einiger Entfernung verschwimmt das Blattwerk vor den Augen des Betrachters in der kochenden Hochsommerhitze zu unwirklichen Konturen. Das hohe Gras wimmelt von großen gelben und grünen Heuschrecken, die urplötzlich – aufplatzenden Samenrispen vergleichbar – ihre Flügel entfalten. Die Wucht ihrer Sprünge ist so groß, daß es schmerzt, wenn die Tiere einem auf die Haut prallen. Schildkröten kriechen über die rote Erde, gemächlich und scheinbar ohne Ziel. Die Einsamkeit dieser Landschaft macht einen betroffen. Alles kommt hier nur vereinzelt vor; das Auge wird nicht verwirrt, denn es sieht nur einen einzigen Hügel, einen einzelnen Baum oder einen einzigen Menschen. Wenn man früh am Morgen über diese Landschaft schaut, die Sonne im Rücken, verliert man jeden Maßstab für Größenverhältnisse. Die Phantasie erwacht, und man stellt sich vor, daß hier die Schöpfung begann.

Zu Beginn dieses Jahrhunderts beschrieb Bedagi oder Big Thunder die Wechselbeziehung von Leben und Tod. Bedagi gehörte zum Volk der Wabanaki, das aus fünf Stämmen bestand: den Passamaquoddy, den Penonbscot, den Micmac, den Maliseet und einem jetzt ausgestorbenen Stamm, der am Kennebec River lebte.

Der Große Geist ist unser Vater, aber die Erde ist unsere Mutter. Sie ernährt uns; was wir in den Boden gegeben haben gibt sie uns als Frucht wieder, und sie schenkt uns Heilkräuter. Sind wir verwundet worden, gehen wir zu unserer Mutter und versuchen, die verwundete Stelle auf sie zu legen, um geheilt zu werden. Auch die Tiere verhalten sich so; sie legen ihre Wunden auf die Erde. Wenn wir jagen, ist es nicht unser Pfeil, der den Elch tötet, wie stark unser Bogen auch sein mag: Es ist die Natur, die ihn tötet. Der Pfeil steckt in seiner Haut, und wie alle Lebewesen geht der Elch zu unserer Mutter, um geheilt zu werden. Er versucht, seine Wunde auf die Erde zu legen und treibt so den Pfeil noch tiefer in sein Fleisch. Ich folge ihm. Ich kann ihn nicht sehen; aber ich halte mein Ohr an einen Baumstamm, der mir jedes Geräusch zuträgt, und ich höre, wann der Elch seinen nächsten Sprung macht. Ich gehe ihm nach. Wieder bleibt der Elch stehen, und er reibt seine Flanke an der Erde und treibt den Pfeil noch tiefer in sein Fleisch. Ich verfolge ihn geduldig und lausche dann und wann, mein Ohr an einen Baumstamm gepreßt. Immer, wenn er stehenbleibt, um seine Flanke zu reiben, drückt sich der Pfeil tiefer in sein Fleisch, bis endlich, wenn er schon sehr erschöpft ist und ich ihn eingeholt habe, der Pfeil seinen gewaltigen Körper durchbohrt hat . . .

Tatanga Mani oder Walking Buffalo, geboren am 20. März 1871, war Stoney Indianer und verbrachte seine frühe Kindheit in Morley/Alberta, wurde aber bald von dem weißen Missionar John McDougall adoptiert. Er wurde in der Schule der Weißen unterrichtet, hörte aber nie auf, »die Natur zu studieren«. Die kanadische Regierung beauftragte ihn mit Friedensverhandlungen. Als Greis wurde er von der Regierung gebeten, das indianische Volk auf einer Weltreise zu repräsentieren. Im Alter von 87 Jahren sagte er in London unter anderem: »Berge aus Fels sind immer schöner als Häuser aus Stein. Das Leben in der Stadt ist unnatürlich. Viele Menschen spüren kaum jemals richtige Erde unter ihren Füßen und sehen fast nie, wie Pflanzen wachsen, außer vielleicht in Blumentöpfen. Licht in der Nacht bedeutet für sie Straßenbeleuchtung und nicht den Zauber eines mit Sternen bestickten Himmels. Wenn Menschen weit weg vom Schauplatz der Schöpfung des Großen Geistes leben, werden sie auch seine Gesetze schnell vergessen.« Tatanga Mani starb im Jahr 1967.

Wir waren ein Volk ohne geschriebene Gebote, aber wir waren unserem Großen Geist nahe, dem Herrscher, dem Schöpfer von allem. Ihr Weißen haltet uns für Wilde, weil ihr niemals unsere Gebete verstanden habt. Ihr habt nicht versucht, sie zu verstehen. Wenn wir der Sonne, dem Mond oder dem Wind unseren Lobgesang darbrachten, sagtet ihr, wir treiben heidnische Vielgötterei. Ohne uns zu verstehen, habt ihr uns als verlorene Seelen verurteilt, einfach deshalb, weil unsere Gottesverehrung sich von der euren unterscheidet.

Wir sahen das Werk des Großen Geistes überall: in der Sonne, im Mond, in den Bäumen, im Wind und in den Bergen. Manchmal naht er sich uns durch die Natur und ihre Gewalten. War das so schlecht? Ich finde, daß wir einen ehrlichen Glauben an das höchste Wesen haben und einen stärkeren Glauben als die meisten Weißen, die uns Heiden nennen . . . Indianer, die mit der Natur und dem Beherrscher der Natur in inniger Beziehung stehen, leben nicht in Finsternis.

Wußtet ihr, daß Bäume sprechen? Doch, das tun sie. Sie sprechen miteinander, und sie sprechen auch zu euch, wenn ihr zuhört. Das Schlimme ist, daß die Weißen nicht zuhören. Sie haben es nie gelernt, den Indianern zuzuhören, deshalb werden sie vermutlich auch nicht anderen Stimmen der Natur zuhören. Ich aber habe eine Menge von den Bäumen gelernt: Mal erzählen sie vom Wetter, mal von Tieren und manchmal vom Großen Geist.

Jicarella

Jeder Schamane (indianischer Zauberpriester) singt sein eigenes unverwechselbares Lied, wenn er die Hilfe der Geister beschwören will. Das folgende Lied stammt von Uvavnuk, einer Eskimo-Schamanin. Feierlich besingt sie die Freude, sich mit der Natur im Einklang zu fühlen und ihr Vertrauen in den Sinn der Naturgesetze. Natalie Curtis schreibt in »*The Indians Book*«: »Für den Indianer bedeutet Gesang den Atem des Geistes. Er singt, weil er dankbar ist, leben zu dürfen.«

Das große Meer
treibt mich bald hierhin, bald dorthin.
Es wiegt mich, wie sich die Wasserpflanzen
in einem großen Fluß wiegen.
Die Erde und der hohe Himmel
bewegen mich,
haben mich fortgetragen
und erfüllen mein Inneres mit Freude.

Apachin bei der Getreideernte

Uns sind die Gebeine unserer Vorfahren heilig,
und ihre Ruhestätte ist geweihter Boden.

Häuptling Seattle,
Häuptling der Dwamish, bei der
Übergabe seines Landes an
Gouverneur Isaac im Jahr 1855.

Um die Jahrhundertwende hält Cecilio Blacktooth in Warner's Hot Springs eine Rede vor Regierungsbeamten. Er erklärt, warum sein Volk das Land nicht aufgeben will, auf dem es seit Generationen lebt.

Wir danken euch, daß ihr gekommen seid, um Worte zu uns zu sprechen, die wir verstehen können. Es ist das erste Mal, daß Weiße dies tun. Ihr fordert uns auf, zu bedenken, welches Land wir nach diesem hier, wo wir immer lebten, noch lieben könnten. Seht ihr die Gräber dort hinten? Dort ruhen unsere Väter und Großväter. Seht ihr den »Berg der Adlernester« und den »Berg der Kaninchenhöhlen«? Als Gott sie erschuf, schenkte er uns dieses Land. Wir sind immer hiergewesen. Wir wollen kein anderes Land . . . Wir haben immer hier gelebt. Wir möchten auch hier sterben. Unsere Väter haben hier gelebt und sind hier begraben. Wir können sie nicht verlassen. Unsere Kinder wurden hier geboren – wie können wir von hier fortgehen? Wenn ihr uns das wertvollste Land der Welt gebt, ist es doch für uns nicht so gut wie dieses hier . . . Das hier ist unsere Heimat . . . nirgendwo anders können wir leben. Wir wurden hier geboren und unsere Väter liegen in dieser Erde. Wir möchten dieses Land und kein anderes.

Es gibt kein anderes Land für uns. Wir möchten nicht, daß ihr dieses Land hier kauft. Wenn ihr uns von hier vertreibt, werden wir mutlos in die Berge ziehen und dort sterben, die Alten, die Frauen und die Kinder. Dann möge die Regierung froh und stolz sein. Sie kann uns töten. Wir kämpfen nicht. Wir tun, was die Regierung sagt. Wenn wir nicht hier leben können, werden wir in die Berge gehen und sterben. Wir wollen keine andere Heimat haben.

Tu-eka-kas, Vater des Häuptlings der Nez Percé, Joseph, ermahnte seinen Sohn in der Stunde seines Todes im Jahre 1871, niemals die Gebeine seines Vaters zu verkaufen. Häuptling Joseph beschreibt den Tod seines Vaters.

Mein Vater ließ mich holen. Ich sah, daß er im Sterben lag. Ich nahm seine Hand in die meine. Er sagte: »Mein Sohn, mein Körper kehrt zu meiner Mutter Erde zurück, und mein Geist geht sehr bald fort, um den Häuptling Großer Geist zu sehen. Wenn ich gegangen bin, denke an unser Land. Du bist der Häuptling dieses Volks. Sie schauen auf dich, damit du sie führst. Denke immer daran, daß dein Vater niemals dieses Land verkauft hat. Du mußt dir die Ohren verstopfen, wenn sie dich bitten, einen Vertrag zu unterschreiben, mit dem du eure Heimat verkaufst. Schon in wenigen Jahren werden rings um euch her weiße Männer sein. Sie haben ihren Blick auf dieses Land gerichtet. Mein Sohn, vergiß nie meine letzten Worte. In dieser Erde ruht der Leichnam deines Vaters. Verkaufe nie die Gebeine deines Vaters und deiner Mutter!« Ich drückte die Hand meines Vaters und versprach ihm, daß ich sein Grab, also auch das Land meiner Ahnen, mit meinem Leben beschützen würde. Mein Vater lächelte und ging ins Geisterland hinüber.

Ich begrub ihn in dem lieblichen Tal der sich schlängelnden Wasser. Jenes Land liebe ich mehr als die ganze übrige Welt. Ein Mann, der seines Vaters Grab nicht liebt, ist schlimmer als ein Tier ohne Verstand.

Häuptling Seattle – nach ihm ist die Stadt Seattle benannt – übergab sein Land 1855 durch seine Unterschrift unter den Port Elliott-Vertrag und lieferte sein Volk so dem Gefangenendasein in einem Reservat aus. Seattle war Häuptling des friedlichen Dwamish-Stammes. Bei Unterzeichnung des Vertrages wandte er sich mit einer Ansprache an den Gouverneur Isaac Stevens.

Mein Volk ist klein geworden. Es ist wie die vereinzelten Bäume auf einer sturmgepeitschten Ebene . . . Einst war dieses Land von unserem Volk bewohnt. Wir gleichen den Wogen der windbewegten See, die über den mit Muscheln besäten Meeresgrund streichen. Doch jene Zeit ist längst vergangen, sie verging mit der Größe meines Volkes, die jetzt nur noch eine Erinnerung ist, die uns mit Sehnsucht und Trauer erfüllt . . .

Uns sind die Gebeine unserer Ahnen heilig, und ihre Ruhestätte ist geweihter Boden. Ihr wandert weit fort von den Gräbern eurer Vorfahren, und wie es scheint, ohne Bedauern. Eure Religion wurde von eurem Gott mit eisernem Finger auf Steintafeln geschrieben, denn sonst hättet ihr seine Gesetze vergessen. Der Rote Mann konnte euch und euren Glauben nie verstehen und sich deshalb eure Gebote nicht merken. Unsere Religion ist uns von unseren Ahnen überliefert; sie lebt in den Träumen unserer alten Männer, die ihnen der Große Geist in den heiligen Stunden der Nacht eingibt. Sie gibt unseren Häuptlingen die Kraft zu kämpfen, weil sie im Herzen unseres Volkes verankert ist.

Eure Toten hören auf, euch und das Land eurer Geburt zu lieben, sie sind Fremde, wenn sie die Pforten des Todes durchschritten haben und fortwandern bis über die Sterne hinaus. Bald sind sie vergessen und kehren nie zurück. Unsere Toten vergessen niemals die schöne Welt, die ihnen Leben gab . . .

Wenn der letzte rote Mann dahingegangen ist, und die Erinnerung an sein Volk bei den Weißen Männern zu einem Mythos geworden ist, werden die unsichtbaren Toten meines Stammes diese Ufer bevölkern, und wenn die Kinder eurer Kinder glauben, sie seien allein auf dem Feld oder im Laden, im Geschäft oder in der Stille der weglosen Wälder, werden sie nicht allein sein . . . In der Nacht, wenn die Straßen eurer Städte und Dörfer schweigen, und ihr glaubt, daß sie verlassen sind, werden sich in ihnen die zurückkehrenden Scharen drängen, die einst dort lebten und die noch immer dieses schöne Land lieben. Der Weiße Mann wird niemals allein sein . . .

Laßt ihn gerecht sein und freundlich an meinem Volk handeln, denn die Toten sind nicht machtlos. Sagte ich, die Toten? Es gibt keinen Tod. Nur einen Wechsel der Welten.

Die folgende Grabrede hat Jonathan Carver aufgezeichnet, der von 1766 bis 1768 das Innere Nordamerikas bereiste. Carver behauptet, die Rede von den Indianern selbst (wahrscheinlich den Naudowessies) gehört zu haben. Wie in den meisten Grabreden wird auch hier der dahingegangene Freund gepriesen, doch hebt sich dieser Text von anderen, eher schwerfälligen, in seinem ungewöhnlich redegewandten Ausdruck ab. Die Angehörigen sitzen rings um den Toten. Jeder richtet der Reihe nach das Wort an den Verstorbenen. Wenn er ein tapferer Krieger gewesen war, erzählte man ausführlich von seinen Heldentaten.

Du sitzt noch immer unter uns, Bruder, deine Seele und dein Körper haben sich nicht verändert. Du bist einer von uns und wirst es bleiben. Wir können keinen sichtbaren Mangel an dir entdecken, außer, daß du die Kraft zu handeln verloren hast. Doch wohin ist dieser Atem entflohen, der noch vor wenigen Stunden seinen Hauch zum Großen Geist emporgesandt hat? Warum sind diese Lippen stumm, die noch letzthin kraftvoll und wohlgefällig zu uns sprachen? Warum sind diese Füße gelähmt, die noch vor kurzem flinker liefen, als der Hirsch auf jenen Bergen? Warum hängen deine Arme, die den höchsten Baum erklettern und den straffsten Bogen spannen konnten, nun hilflos herab? Ach, jeder Teil dieses Körpers, den wir noch letzthin staunend bewunderten, ist jetzt so leblos geworden, wie er wohl vor dreihundert Wintern war. Wir wollen dich jedoch nicht beklagen, als hätten wir dich für immer verloren oder als könnten wir deinen Namen jemals vergessen; deine Seele lebt ja im großen Geisterland zusammen mit jenen deines Volkes, die vor dir dahingegangen sind; und wenn wir auch zurückgelassen wurden, um deinen Ruhm zu verewigen, werden wir doch eines Tages wieder deine Gesellen sein. Erfüllt von der Achtung, die wir für dich empfanden, als du noch lebtest, kommen wir jetzt, um dir die letzte Freundlichkeit zu erweisen, die darzubringen in unserer Macht steht: Damit dein Leichnam nicht einsam auf der Prärie herumliege und eine Beute der wilden Tiere oder der Vögel in den Lüften werde, wollen wir Sorge tragen, ihn zu den Gebeinen deiner Ahnen zu legen, die vor dir dahingeschieden sind, und gleichzeitig hoffen, daß dein Geist mit ihren Geistern speise und bereit sei, den unseren zu empfangen, wenn auch wir im großen Land der Seelen eintreffen.

William W. Warren wurde im Mai 1825 als Sohn einer Ojibway-Mutter und eines weißen Vaters geboren. Seine Abstammung läßt sich bis zu Richard Warren zurückverfolgen, einem der »Mayflower-Pilger«, die 1620 in Plymouth landeten. Als Kind wurde Warren nach indianischem Brauch unterrichtet. 1842 heiratete er und zog in das heutige Minnesota, wo er als Dolmetscher für die Regierung angestellt war. 1851 wurde er Mitglied des Repräsentantenhauses in St. Paul. Etwa zu dieser Zeit begann er für den *Minnesota Democrat* über indianische Legenden und Volkskunde zu schreiben. Er war fasziniert von den Überlieferungen der Geschichte der »Alten«. Kein Weg war ihm zu weit, um sie in ihrer Einsamkeit aufzusuchen, und oft erwiderten sie seinen Besuch, um sich mit ihm zu unterhalten. Ein häufiger Gast war der berühmte Häuptling der »Pillagers«, Esh-ke-bug-e-koshe oder Flatmouth, der von Warren stets als dem »Enkel« sprach. Warren starb sehr früh, gerade achtundzwanzig Jahre alt. Er hatte soeben ein Werk über die Geschichte seines Volkes beendet, das auf Ojibway-Überlieferungen und mündlichen Berichten beruht. Die folgende Stelle beschreibt die »glücklichen Jagdgründe« seines Volkes.

Wenn ein Ojibway stirbt, wird sein Leichnam in ein Grab gelegt, meist in sitzender Stellung, mit dem Gesicht gen Westen. Man gibt ihm alle Gegenstände mit ins Grab, die im Leben für eine Reise notwendig sind. Wenn der Tote ein Mann ist, erhält er sein Gewehr, seine Decke, seinen Wasserkessel, Feuerstein und Flint und seine Mokassins; ist es eine Frau, erhält sie ihre Mokassins, eine Axt, einen Tragriemen, eine Decke und den Kessel. Man glaubt, daß die Seele sofort nach dem Tod des Körpers aufbricht und einen tief ausgetretenen Pfad gen Westen wandert; wenn der Tote diesem Pfad folgt, erreicht er zunächst die große Oda-e-min, die Herzbeere oder Erdbeere, die wie ein mächtiger Felsen am Wegrand steht und von der er eine Handvoll als Wegzehrung mitnimmt. Er wandert weiter, bis zu einem tiefen, reißenden Fluß, über den sich die gefürchtete Ko-go-gaup-o-gun spannt, eine rollende und sinkende Brücke. Hat der Wanderer sie sicher überschritten und blickt zurück, verwandelt sie sich in die Gestalt einer riesigen Schlange, die – sich bäumend und windend – über den Fluß schwimmt.

Nachdem er vier Nachtlager aufgeschlagen hat und jeden Tag über die Prärie gewandert ist, gelangt seine Seele ins Geisterland, wo er seine Ahnen beisammen findet, alle, seit die Menschheit erschaffen wurde; und da ist lauter Freude und Singen und Tanzen. Sie wohnen in einem schönen Land, mit klaren Seen und Bächen, Wäldern und Prärien. Dort gibt es Früchte und Wild im Überfluß – mit einem Wort: es ist reich an allem, wonach der Rote Mann in diesem Leben verlangt und was am meisten zu seinem Glück beiträgt. Das Geisterland ist ein Paradies, das er nur betreten darf, wenn er nach den Gesetzen seines Volkes gelebt hat.

Apachenkind

Wann immer wir von heiligen Dingen sprechen, bereiten wir uns selbst durch die Opferung vor . . . einer stopft seine Pfeife und reicht sie dem nächsten, der sie anzündet und sie dem Himmel und der Erde anbietet . . . wir rauchen gemeinsam . . . Erst dann sind wir bereit zu sprechen.

Mato-Kuwapi oder Chased-By-Bears,
ein Santee-Yanktonai Sioux.

41

Ohiyesa, ein Arzt und Autor der Santee-Dakota, spricht im Jahre 1912 über die Art, wie sein Volk den Schöpfer verehrt.

Im Leben des Indianers gab es nur eine unumgängliche Pflicht – die Achtung vor dem Unsichtbaren und Ewigen. Dieser Achtung Ausdruck zu verleihen war jedem Indianer wichtiger als die tägliche Nahrung. Er erwacht bei Tagesanbruch, zieht seine Mokassins an und schreitet an den Rand des Wassers hinab. Er wirft sich Händevoll klaren, kalten Wassers ins Gesicht oder taucht seinen ganzen Körper ein. Nach dem Bad steht er aufrecht in der ersten Morgenröte, mit dem Gesicht zur aufgehenden Sonne, und bringt ein stummes Gebet dar. Seine Gefährtin mag ihm vorausgehen bei seiner Andacht oder ihm folgen, doch nie begleitet sie ihn. Jede Seele muß der Morgensonne und der wieder erwachten, Kraft spendenden Erde und dem großen Schweigen allein entgegentreten!

Wann immer der rote Jäger bei seiner täglichen Jagd etwas erblickt, das eindrucksvoll und erhaben ist – eine schwarze Gewitterwolke mit einem leuchtenden Rund des Regenbogens über dem Berg oder einen weißen Wasserfall im Herzen einer grünen Schlucht oder die weite, von einem blutroten Sonnenuntergang überhauchte Prärie –, verharrt er einen Augenblick in andächtiger Haltung. Er hält es nicht für notwendig, einen von sieben Tagen zu heiligen, denn er weiß, daß Gott jeden Tag für ihn gemacht hat, wenn er versteht, die Natur zu achten.

Dieser weise alte Mann der Dakota erklärt die vielfältigen Formen des Lebens und welche Rolle sie im Kult der Indianer spielen. (Kurz vor 1890.) Der Wunsch, mit der Natur in Harmonie zu leben, wird sehr deutlich.*)

Alles, was sich bewegt, hält von Zeit zu Zeit hier und dort inne. Der Vogel fliegt umher und hält an einem Ort inne, um sein Nest zu bauen, und an einem anderen Ort, um sich von seinem Flug auszuruhen. Ein Mann, der einherschreitet, hält inne, wann er will. So hat auch der Schöpfer innegehalten. Ein Ort, wo er seine Wanderung unterbrach, ist die Sonne, die leuchtende, schöne. Auch beim Mond, bei den Sternen und bei den Winden ist er gewesen. Wo Bäume wachsen und Tiere leben, hat er verweilt, und der Indianer gedenkt dieser Plätze und sendet seine Gebete dorthin, um den Ort zu erreichen, wo der Schöpfer innegehalten hat, und um dort Hilfe und Segnung zu erlangen.

Zeltlager am Feuertanz-Platz

Mato-Kuwapi oder Chased-By-Bears, ein Santee-Yanktonai-Sioux, spricht 1915, kurz vor seinem Tod, über den Sonnentanz und das Verständnis der Indianer von Wakan tanka. Mato-Kuwapi hatte 1867, im Alter von vierundzwanzig Jahren, erstmalig am Sonnentanz teilgenommen. Bei diesem wie auch bei anderen Sonnentänzen schnitt er die Arme der Männer auf, fesselte sie an Pfähle oder spickte ihre Haut mit Büffelschädeln – je nach dem rituellen Inhalt ihrer Gelübde.

Der Sonnentanz ist uns so heilig, daß wir kaum davon sprechen . . . Die Verwundung des Körpers als Erfüllung des Sonnentanzgelübdes unterscheidet sich von den Martern, die wir uns auferlegen, wenn wir unsere Angst besiegen wollen. Der Körper eines Mannes gehört ihm allein, und wenn er seinen Körper oder sein Fleisch opfert, bringt er das einzige dar, das ihm wirklich gehört . . . Wenn also ein Mann sagt, er will Wakan tanka ein Pferd geben, gibt er nur seinen Besitz. Ich könnte beim Sonnentanz Tabak oder andere Dinge opfern; aber wenn ich nur meinen Besitz gebe und das Beste zurückbehalte, würde niemand glauben, daß es mir ernst ist. Ich muß etwas geben, das mir wirklich viel bedeutet, um zu zeigen, daß zusammen mit den geringeren Gaben auch mein ganzes Ich hergegeben wird, deshalb verspreche ich, meinen Körper zu geben.

Ein Kind glaubt, daß es nur Schmerz erfährt, wenn es grob behandelt wird; aber während des Sonnentanzes danken wir Wakan tanka zunächst für seine Güte, dann leiden wir Qualen für alles, was er uns geschenkt hat. Wenn ein Mann ein Kunstwerk herstellt, das von allen bewundert wird, sagen wir, daß es herrlich ist; aber wenn wir den Wechsel von Tag und Nacht sehen, die Sonne, den Mond und die Sterne am Himmel und die wechselnden Jahreszeiten auf Erden mit ihren reifenden Früchten, muß jeder erkennen, daß dies das Werk von einem weit Mächtigeren sein muß, als der Mensch es ist. Wakan tankas großartigstes Werk ist die Sonne, ohne die wir nicht leben könnten . . .

Wir sprechen zu Wakan tanka und wissen, daß er uns hört, und doch ist es schwer, unsere Beziehung zu ihm zu erklären. Die meisten Indianer glauben, daß nach dem Tod eines Mannes sein Geist irgendwo auf der Erde oder im Himmel ist. Wir wissen nicht genau wo, aber wir sind sicher, daß sein Geist noch lebt. Schon häufiger hatten Männer zu ihren Lebzeiten vereinbart, nach ihrem Tod zu Freunden zu sprechen – falls Geister zu Lebenden sprechen könnten. Aber sie kamen nie wieder, um zu uns zu sprechen – es sei denn, im Traum. So ist es mit Wakan tanka. Wir glauben, daß er überall ist, doch er verhält sich zu uns wie die Geister unserer Freunde, deren Stimmen wir nicht hören können.

Jede wichtige Handlung im täglichen Leben der Kwakiutl, der Eingeborenen Britisch-Kolumbiens, ist von einem Zeremoniell oder Gebet begleitet. Erna Gunter gibt in *Further Analysis of the First Salmon Ceremony* ein Beispiel dafür: »Der Fischer ergreift vier Silberlachse, und der Kanubauer wirft vier Holzspäne hinter einen Baum, weil den Kwakiutl ebenso wie den Tsimshian die Zahl Vier heilig ist. Das Tier oder die Pflanze, die angerufen werden, nennen sie ›Freund, Übernatürlicher‹. Man bittet sie, Krankheit und Tod von dem Gläubigen fernzuhalten. Der Kanubauer spricht sein Gebet in Form eines Dialogs, ebenso die Frau des Lachsfischers.«

Die folgenden, von Franz Boas übersetzten Stellen einer Vorlage aus der Jahrhundertwende, zeigen deutlich, wie verbreitet dieses Ritual war, und daß es sich aus der Verehrung der Zahl Vier entwickelt hat (wie im Beispiel von Erna Gunter). Der erste Abschnitt gibt das Gebet eines Kanubauers wieder, der gerade einen Baum gefällt hat. Er nimmt vier Holzspäne, wirft einen hinter den Fuß eines Baumstammes und sagt:

O Übernatürlicher! Jetzt gehorche deiner übernatürlichen Macht!« Dann wirft er einen zweiten Span und sagt: »O Freund, jetzt siehst du den, der dich führt und dir sagt, daß du dich wenden und auch dort niederfallen sollst.« Er wirft einen dritten Span und sagt: »O Lebensspender! Jetzt hast du gesehen, welchen Weg dein übernatürlicher Geist gegangen ist. Geh du den gleichen Weg!« Dann wirft er den letzten Span und sagt dabei: »O Freund, jetzt wirst du dorthin gehen, wohin dein Kernholz geht. Lege dein Gesicht auf die gleiche Stelle!« Nachdem er das gesagt hat, gibt er sich selbst die Antwort und sagt: »Ja, ich will mit meinem Wipfel dort hinfallen.«

Wenn eine Frau die Wurzeln einer jungen Zeder ausgräbt, betet sie: »Sieh mich an, Freund! Ich bin gekommen, dich um dein Kleid zu bitten; denn du kamst, dich unser zu erbarmen; und es gibt nichts, das du uns nicht schenken kannst. Denn das besondere an dir ist, daß du uns alles geben kannst, was wir brauchen. Du bist wirklich bereit, uns dein Kleid zu geben. Ich bin gekommen, dich darum zu bitten, Lebensverlängerer, weil ich einen Korb für Seerosenwurzeln aus dir machen will. Ich bitte dich, Freund, mir nicht böse zu sein, weil ich dir weh tun muß, und ich flehe dich an, Freund, deinen Freunden zu erzählen, was ich von dir will. Gib acht, Freund, und halte Krankheiten von mir fern, damit ich nicht von Krankheit oder Krieg getötet werde, o Freund!«

Wohnstätte eines Havasupui-Indianers

Hehaka Sapa oder Black Elk gehörte der Oglalla-Gruppe der Teton-Dakota an, einem der stärksten Zweige der Sioux-Familie. Geboren wurde er 1863 »im Mond der krachenden Bäume« (Dezember) am Kleinen Powder River, »als die Vier Krähen getötet wurden«. Da er mit dem großen Häuptling Crazy Horse verwandt war, kannte er auch Sitting Bull und Red Cloud und wußte viel von der Geschichte seines Volkes. Er nahm an der Schlacht am Little Big Horn teil. Später reiste er mit Buffalo Bill nach Italien, Frankreich und England, wo er vor Königin Victoria tanzte. Black Elk war in seiner Jugend von den großen Priestern in den heiligen Bräuchen seines Volkes unterwiesen worden und verfügte über einen scharfen, von jedermann geachteten Verstand. Sein Vater war Medizinmann gewesen, mehrere seiner Brüder ebenfalls. Seine letzten Jahre lebte er im Pine Ridge Reservat in South Dakota. Der folgende Text stammt aus seiner Autobiographie, die er Flaming Rainbow in den Jahren 1930/31 diktierte. Das Symbol des Kreises, auf das hier und in den folgenden Passagen hingewiesen wird, spielt im Leben der Indianer eine wichtige Rolle.

Ihr habt bemerkt, daß alles, was ein Indianer tut, sich in Kreisläufen vollzieht. Das geschieht, weil die Kräfte des Himmels und der Erde auch in Kreisen wirken und weil alles versucht, rund zu sein. In den alten Zeiten, als wir eine starke und glückliche Nation waren, schöpften wir alle Kraft aus dem heiligen Ring des Volkes, und solange der Ring unverletzt war, gedieh unser Volk. Der blühende Baum war der lebendige Mittelpunkt des Ringes, und der Kreis der vier Windrichtungen nährte ihn. Der Osten verlieh Frieden und Licht, der Süden Wärme, der Westen brachte Regen, und der Norden mit seinen kalten und heftigen Winden Stärke und Ausdauer. Wir wissen davon, weil unsere Religion uns von der jenseitigen Welt erzählt. Alle Kräfte der Welt wirken in Kreisen. Der Himmel ist rund, und wie ich hörte, ist die Erde rund wie eine Kugel, und ebenso alle Sterne. Wenn der Wind am heftigsten weht, bildet er runde Wirbel. Die Vögel bauen ihre Nester kreisrund, denn sie haben die gleiche Religion wie wir. Die Sonne geht in einem Kreis auf und wieder unter. Der Mond macht es ebenso, und beide sind rund.

Sogar der Wechsel der Jahreszeiten bildet einen großen Kreis und kehrt immer wieder dorthin zurück, wo er begann. Das Leben der Menschen ist ein Kreis – von der Kindheit zur Kindheit –, und so ist es mit allem, worin sich die Kraft der Welt regt. Unsere Tipis waren rund wie die Nester der Vögel, und immer waren sie in einem Kreis aufgestellt, dem Ring eines Stammes, einem Nest aus vielen Nestern, in dem nach dem Willen des Großen Geistes unsere Kinder geboren wurden.

Das Lied des Sehers wird hier von Tatanka-Ptecila oder Short Bull gesungen und vorgetragen, einem Heiligen, Propheten und Medizinmann. Er war ein Dakota-Sioux, und sein Volk verehrte ihn als großen Wundertäter. Er war einer der ersten Anhänger Wovokas, der die Geistertanz-Religion ins Leben rief. »Kämpft nicht . . . ihr sollt nicht kämpfen!« hieß eine der Botschaften Wovokas. Tatanka-Ptecila brachte seinem Volk die Botschaft und den Tanz. Er machte auch die magischen »Geisterhemden«, die vor der Kugel des Weißen Mannes schützen sollten. Er war ein bedeutender Führer seines Volkes.

Der Stamm schlug sein Lager immer in einem Kreis auf, dessen Mittelpunkt Hocoka genannt wurde.

Bevor das Volk auf den Kriegspfad ging, baute der Prophet oder der Heilige ein Tipi nur für sich allein. Darin saß er, blickte in die Zukunft und sah in einer Vision alles, was sich zutragen würde. Die Menschen brachten ihm Geschenke als Opfergaben, und er fertigte geweihte Symbole und Amulette an, die im Kampf schützen sollten.

Dann – bevor die Späher geschickt wurden – versammelten sich alle Krieger im Mittelpunkt des Lagers, saßen in einem Kreis und erwarteten den Propheten. Er kam und sang ein heiliges Lied, schenkte jedem Krieger ein Amulett und verkündete ihm sein Schicksal.

Er sang sein prophetisches Lied. Im letzten Teil des Liedes, dessen Inhalt nun jeden Sinn verloren hat, sang er jene Worte, die jedem Krieger das Schicksal voraussagten, das ihm im Kampf widerfahren würde. Dieses Lied wird gesungen, wenn der Stamm sich auf den Kriegspfad begibt – kurz bevor die Späher aufbrechen, um das Lager des Feindes auszukundschaften.

Lied des Sehers.

In diesem Kreis,
o ihr Krieger
seht, sage ich
jedem die Zukunft.
Alles wird sein
wie ich es jetzt verkünde
in diesem Kreis hier;
Hört mir zu!

Medizinmänner der Arikara beim Gebet

2. Der behaarte Mann aus dem Osten.

Für uns waren die großen weiten Prärien, die sanft gewellten Hügel und die sich schlängelnden Flüsse mit ihrem wirren Ufergestrüpp nicht »wild«. Nur für den Weißen Mann war die Natur eine »Wildnis«. Er fürchtete sich vor den »wilden« Tieren und verachtete die »rohen« Menschen. Uns war das Land vertraut wie ein Freund. Die Erde war freigebig, und wir lebten ohne Sorge von den Segnungen des Großen Geheimnisses. Erst als der behaarte Mann aus dem Osten kam, lernten wir, was Roheit und Wildheit bedeuten. Erst durch ihn erfuhren unsere Familien, die wir liebten, Ungerechtigkeit und Gewalt. Als sogar die Tiere des Waldes bei seinem Nahen flohen, da erst begann für uns der »Wilde Westen«.

Häuptling Luther Standing Bear
von der Oglalla-Gruppe der Sioux

Little Wolf – Cheyenne-Indianer

Mein Volk und der Weiße Mann sollen hören, daß ich nicht gedenke, auch nur den kleinsten Teil meines Landes zu verkaufen, und ich will auch nicht, daß die Weißen die Bäume an unseren Flußufern fällen, vor allem die Eichen nicht. Ich liebe die kleinen Eichenhaine sehr. Ich betrachte sie gern, weil sie den Stürmen des Winters und der Hitze des Sommers trotzen. Sie sind uns ähnlich, denn die Gewalten der Natur – mögen sie noch so heftig toben – geben ihnen Kraft.

Tatanka Yotanka oder Sitting Bull,
ein Sioux Krieger

Ein Häuptling der Gaspé-Indianer (jetzt Micmac) kritisierte im Jahr 1676 eine Gruppe französischer Kapitäne, weil sie ihre Zivilisation für allen anderen überlegen hielten.

Wir glauben, daß ihr sehr unhöfliche und unkluge Menschen seid; denn ihr preist uns euer Frankreich als irdisches Paradies, das euch – wie ihr behauptet – Vorräte in Fülle bietet, und verachtet unser Land und unsere Erde, die uns ernährt. Ihr haltet uns für die elendesten und unglücklichsten aller Menschen, da wir ohne Religion leben, ohne Manieren, ohne Ehre, ohne soziale Ordnung – mit einem Wort – ohne jedes Gesetz, vergleichbar den Tieren in unseren Hainen und Wäldern. Ihr sagt auch, daß es uns an Brot und an Wein fehle und an tausend anderen Annehmlichkeiten, die ihr in Europa im Überfluß habt. Nun wohl, meine Brüder, wenn ihr die wahren Gefühle noch nicht kennt, die wir Indianer für euer Land und euer ganzes Volk empfinden, ist es wohl wichtig, daß ich euch jetzt unterrichte.

Ich bitte euch, mir zu glauben, daß wir – so elend wir euch auch erscheinen mögen – uns trotzdem für viel glücklicher halten als euch, weil wir zufrieden sind mit dem wenigen, das wir haben . . . Ihr werdet euch vergeblich bemühen, uns davon zu überzeugen, daß man in eurem Land besser lebt als in unserem. Denn wenn Frankreich, wie ihr sagt, ein kleines irdisches Paradies ist, seid ihr dann vernünftig, wenn ihr es verlaßt? Und Frauen, Kinder, Verwandte und Freunde aufgebt? Und alljährlich euer Leben und euren Besitz aufs Spiel setzt? Warum wagt ihr euch unter so großen Gefahren und in jeder Jahreszeit in die Stürme und Orkane des Meeres, nur, um in ein fremdes und barbarisches Land zu gelangen, daß ihr für das ärmste und unglücklichste der Welt haltet? Außerdem: Wir schenken eurer Prahlerei keinen Glauben und machen uns deshalb nicht die Mühe, euer Frankreich zu besuchen, weil wir aus gutem Grund fürchten, daß wir dort kaum glücklich werden können. Wir wissen aus eigener Erfahrung, daß die Söhne eures Landes ihre Heimat jedes Jahr verlassen, um sich an unseren Küsten zu bereichern. Wir glauben weiter, daß ihr – im Vergleich zu uns – arm seid und nur einfache Reisende, Diener, Knechte und Sklaven, so sehr ihr euch auch als großartige Herren und tapfere Kapitäne gebärdet. Wir sehen doch, daß ihr stolz unsere alten Lumpen und unsere schäbigen Biberanzüge tragt, die wir nicht länger brauchen können, und daß ihr an unseren Küsten Kabeljau fischen müßt, um euer Elend und eure bedrückende Armut zu lindern. Wir aber finden Reichtümer und alles, was wir brauchen, mühelos in unserem Land, ohne unser Leben den Gefahren auszusetzen, die euch auf euren langen Seereisen ständig bedrohen. Und während wir die angenehme Ruhe unseres Daseins genießen, empfinden wir Mitleid mit euch und wundern uns über die Ängste und Sorgen, die ihr Tag und Nacht ertragt, wenn ihr eure Schiffe mit den Gaben unseres Landes beladet. Wir sehen auch, daß eure Leute gewöhnlich nur den Kabeljau essen, den ihr bei uns fangt. Sie bekommen nichts anderes als Kabeljau – Kabeljau am Morgen, Kabeljau am Mittag und Kabeljau am Abend, immer Kabeljau. Und wenn euer Elend so groß wird, daß ihr endlich ein paar gute Bissen wollt, müssen wir euch versorgen. Dann müßt ihr Zuflucht zu den Indianern nehmen, die ihr doch so verachtet, und sie bitten, für euch auf die Jagd zu gehen, damit ihr euch laben könnt. Und jetzt beantwortet mir, wenn ihr überhaupt Vernunft besitzt, eine einzige kleine Frage, nämlich, wer von uns der Klügere und Glücklichere ist: derjenige, der unaufhörlich schwer arbeitet und sich nur unter großer Mühsal genug zum Leben verschafft – oder derjenige, der ruhig und behaglich lebt und alles, was er zum Leben braucht, vor seiner Tür findet und dem die Jagd und der Fischfang Vergnügen bereiten?

Es ist richtig, daß der Genuß eures Brotes und eures Weins uns fremd war; aber hat nicht in Wirklichkeit das Volk der Gaspé in dieser Gegend viel länger gelebt, bevor die Franzosen kamen? Und wenn jetzt unsere alten Männer nicht mehr hundertdreißig oder hundertvierzig Jahre alt werden, kommt dies nur daher, daß wir allmählich eure Lebensweise annehmen, denn die Erfahrung zeigt uns deutlich, daß diejenigen von uns am längsten leben, die euer Brot, euren Wein und euren Brandy verschmähen und sich mit natürlicher Nahrung begnügen, mit Biber- und Elchfleisch und mit dem zarten Fleisch der Wasservögel und Fische, wie es seit jeher bei unseren Ahnen und beim ganzen Gaspé-Volk Brauch war. So hört denn jetzt meine Brüder, ein für allemal, da ich euch mein Herz öffnen muß: Es gibt keinen Indianer, der nicht glaubt, unendlich viel glücklicher zu sein als die Franzosen.

Adario, ein Häuptling der Huronen, der im siebzehnten Jahrhundert lebte, war auch unter seinem Stammesnamen Kondiaronk bekannt oder als »Die Ratte«, wie ihn die Franzosen nannten. Er war berühmt für seine Klugheit und seinen Mut. Er spielte eine hervorragende Rolle im Frontenac-Krieg (1689–1697), einer Reihe von Zusammenstößen zwischen Franzosen und Engländern, aber auch zwischen den Franzosen und ihren indianischen Verbündeten einerseits und den Irokesen, die für die Engländer kämpften, andererseits. Adario war ein geschickter Diplomat, hatte Stammesstreitigkeiten geschlichtet und war ein begehrter Unterhändler bei Friedensverhandlungen. Er starb 1701 in Montreal während einer Friedenskonferenz. Adario war weit gereist und sagte von sich: »Ich war in Frankreich, New York und Quebec, wo ich die Sitten und Lehren der Engländer und Franzosen studiert habe.« Die aufgezeichnete Unterredung führte er mit Baron de Lahontan – einem französischen Forscher und Gouverneur der französischen Kolonie Placentia/Neufundland. Lahontan hatte Adario erklärt, daß man Verbrecher bestrafen und gute Taten belohnen müsse, weil sich sonst überall Mord und Raub ausbreiten würden, und daß die Weißen bald das unglücklichste Volk der Erde wären. Danach erklärt Adario, was er vom Gesetz der Weißen hält:

Nein, ihr seid bereits unglücklich genug, und ich kann wirklich nicht sehen, wie ihr noch unglücklicher werden könntet. Was für eine Art Mensch mag der Europäer sein? Welcher Gattung von Lebewesen gehören die Europäer an? Sie, die gezwungen werden müssen, Gutes zu tun, sie, die keinen anderen Ansporn haben, Böses zu meiden, als die Furcht vor Strafe? Wenn ich dich fragen würde, wer ein Mensch ist, würdest du antworten, er ist Franzose, und doch will ich dir beweisen, daß dein Mensch eher einem Biber gleicht. Denn der Mensch darf diesen Namen nicht deshalb führen, weil er aufrecht auf zwei Beinen geht oder weil er lesen und schreiben kann und auf andere Arten seine Fähigkeiten beweist . . .

Wer hat euch all das Land gegeben, das ihr jetzt bewohnt? Mit welchem Recht besitzt ihr es? Es gehörte immer den Algonkin. Im Ernst, lieber Bruder, ich fühle Mitleid mit dir vom Grunde meiner Seele. Höre auf meinen Rat und werde Hurone, denn ich sehe deutlich den großen Unterschied zwischen deinem Leben und dem meinen. Ich bin Herr meiner selbst und dessen, was mein ist. Ich bin Herr über meinen Körper, und nur ich allein verfüge über mich; ich tue, was ich mag, ich bin der erste und der letzte meines Volkes, ich fürchte keinen Menschen und gehorche nur dem Großen Geist. Dein Körper und deine Seele dagegen sind zur Abhängigkeit von deinem großen Kommandanten verdammt; dein Gouverneur verfügt über dich; du hast nicht die Freiheit, das zu tun, worauf du Lust hast; du fürchtest dich vor Räubern, falschen Zeugen, Mördern und so weiter, und du bist der Knecht unzähliger Personen, die dir, dank ihrer Stellung, befehlen dürfen. Ist das wahr oder nicht?

Curly Chief, ein Pawnee, beschreibt einen der ersten Kontakte zwischen seinem Volk und den Europäern (etwa um 1800 bis 1820).

Ich habe gehört, daß es einst eine Zeit gab, da in diesem Land keine anderen Menschen als die Indianer wohnten. Danach begannen die Leute von Menschen mit weißer Haut zu hören: Man hatte sie, weit von hier, im Osten gesehen. Bevor ich geboren wurde, kamen sie in unser Land und besuchten uns. Der Mann, der zu uns kam, war Abgesandter seiner Regierung. Er wollte einen Vertrag mit uns schließen und gab uns Geschenke, Decken und Gewehre, Feuerstahl, Flint und Messer.

Der oberste Häuptling erklärte ihm, daß wir keines dieser Dinge benötigten. Er sagte: »Wir haben unsere Büffel und unser Getreide. Diese Schätze gab uns der Herrscher, und sie sind alles, was wir brauchen. Sieh dir dieses Gewand an! Es wärmt mich im Winter. Ich brauche keine Decke.«

Die Weißen Männer hatten einige Rinder bei sich, und der Pawnee-Häuptling sagte: »Führt eine Färse hier auf die Prärie hinaus!« Sie führten sie hinaus, und der Häuptling trat auf sie zu und schoß mit seinem Pfeil hinter ihre Schulter, und sie fiel hin und starb. Da sagte der Häuptling: »Kann mein Pfeil etwa nicht töten? Ich brauche eure Gewehre nicht!« Dann nahm er sein Steinmesser, häutete die Färse und schnitt ein Stück fettes Fleisch ab. Als er dies getan hatte, sagte er: »Warum sollte ich eure Messer nehmen? Der Herrscher hat mir etwas gegeben, womit ich schneiden kann.«

Dann nahm er die Reibhölzer und machte damit Feuer, um das Fleisch zu braten, und während er briet, sprach er wieder und sagte: »Du siehst, mein Bruder, der Herrscher hat uns alles gegeben, was wir brauchen, um uns mit Fleisch zu versorgen oder den Boden zu bestellen. Kehre jetzt in das Land zurück, aus dem du gekommen bist. Wir brauchen deine Geschenke nicht, und wir wollen nicht, daß ihr in unser Land kommt.«

Wisham-Indianer beim Fischen

Ein Häuptling der nördlichen Blackfeet wurde von Delegierten der Vereinigten Staaten aufgefordert, einen der ersten Landverträge in diesem Gebiet am Milk River nahe der nördlichen Grenze Montanas und der Nordwest-Territorien zu unterschreiben. Er weigerte sich, sein Land abzutreten und erklärte, warum das Geld des Weißen Mannes keinerlei Wert für die Indianer hat.

Unser Land ist wertvoller als euer Geld. Dieser Boden wird immer bestehen. Nicht einmal die Flammen des Feuers können ihn vernichten. Solange die Sonne scheint und die Wasser rieseln, wird hier dieses Land sein, um Menschen und Tieren Leben zu schenken. Wir können nicht das Leben von Menschen und Tieren verkaufen, deshalb können wir dieses Land nicht verkaufen. Der Große Geist hat es hier hingebreitet, und wir können es nicht verkaufen, weil es uns nicht gehört. Ihr könnt euer Geld zählen und es so rasch verbrennen, wie ein Büffel mit dem Kopf nickt, doch nur der Große Geist kann die Sandkörner und die Grashalme auf diesen Ebenen zählen. Als Geschenk wollen wir euch geben, was wir haben und was ihr tragen könnt – aber dieses Land niemals.

Der stolze Stamm der Nez Percé-Indianer (»Durchbohrte Nasen«) wurde von einem bemerkenswerten Häuptling geführt: Hin-mah-too-yah-lat-tekht (»Donner verzieht sich zu höheren Berggipfeln«) oder Häuptling Joseph, der im ersten Teil dieses Buches den Tod seines Vaters beschreibt. Er hörte nie auf, das Land seiner Geburt zu lieben und widersetzte sich zäh allen Versuchen, ihn aus den Tälern und Bergen seiner Heimat zu vertreiben. In der folgenden Aussage begründet er unmißverständlich, wie in den meisten seiner anderen Reden auch, seine Ansichten über das Recht auf Eigentum an der Erde.

Die Erde wurde mit Hilfe der Sonne erschaffen, und sollte so belassen werden, wie sie war . . . Das Land wurde ohne Grenzlinien gemacht, und niemand ist berechtigt, es aufzuteilen. Ich sehe die Weißen überall im Lande nach Reichtum und Besitz streben, und ich durchschaue ihr Verlangen, uns zu betrügen und auf wertloses Land zurückzudrängen . . . Die Erde und ich, wir sind eines Sinnes. Das Land und wir leben nach den gleichen Regeln und in vollkommenem Einklang. Sagt es doch, wenn ihr es sagen könnt, daß der Schöpfer euch zu uns gesandt hat, damit ihr zu uns redet. Vielleicht glaubt ihr, der Schöpfer habe euch hierhergeschickt, um über uns zu herrschen, wie ihr es für euer Recht haltet? Wenn ich glauben könnte, daß euch der Schöpfer gesandt hat, ließe ich mich vielleicht verführen und würde euer Recht, über uns und das Land zu verfügen, anerkennen. Ihr dürft mich nicht falsch verstehen, wenn ich von meiner Liebe zu diesem Land spreche. Ich habe nie gesagt, das Land gehört mir, um damit zu tun, was mir beliebt. Der Eine, der das Recht hat darüber zu verfügen, ist der Eine, der es geschaffen hat. Ich verlange für mich nur das Recht, auf meinem Land zu leben, und gewähre euch das Vorrecht, auf dem eurigen zu leben.

Smohalla, Gründer der Träumer-Religion, wurde etwa 1815 oder 1820 geboren und gehörte zu den Sokulks, einem kleinen Stamm der Nez-Percé-Indianer, die im Gebiet um Priest Rapids am Columbia River im östlichen Washington siedelten. Smohalla zeichnete sich als Krieger aus und begann um 1850 zu predigen. Die Zivilisation der Weißen und ihre Lehren lehnte er konsequent ab. Die Träumer-Religion war eine Rückkehr zum Glauben der Eingeborenen, in dem die gütige Erdmutter und Träume als einzige Quelle übernatürlicher Kraft eine wichtige Rolle spielten.*) Diese Lehre – einige wichtige Einzelheiten gehen aus der folgenden Aussage hervor – gewann viele Anhänger; zu den strenggläubigsten »Träumern« gehörten Häuptling Joseph und seine Nez Percé-Indianer.

Meine jungen Männer sollen niemals arbeiten. Männer, die arbeiten, können nicht träumen, und aus den Träumen erfahren wir Weisheit.

Ihr fordert mich auf, das Land umzupflügen. Soll ich ein Messer nehmen und die Brust meiner Mutter zerreißen? Dann wird sie mich, wenn ich sterbe, nicht zum Ausruhen an ihre Brust nehmen.

Ihr fordert mich auf, nach Steinen zu graben. Soll ich unter ihrer Haut nach Steinen graben? Dann kann ich, wenn ich sterbe, nicht in ihren Leib eingehen, um wiedergeboren zu werden.

Ihr fordert mich auf, Gras zu mähen und Heu zu machen und es zu verkaufen und so reich zu werden wie die Weißen Männer. Aber wie sollte ich es wagen, meiner Mutter Haar abzuschneiden?

Am 17. Juni 1744 verhandelten die Bevollmächtigten von Maryland und Virginia mit den Indianern der Sechs Nationen in Lancaster/Pennsylvania wegen eines Vertrags. Man bot den Indianern an, ihre Söhne auf das William-and-Mary-College zu schicken. Am nächsten Tag lehnten sie das Angebot mit folgenden Worten ab:

Wir wissen, daß ihr die Art Gelehrsamkeit, die an jenen Hochschulen gelehrt wird, besonders hoch schätzt und daß der Unterhalt für unsere jungen Männer, solange sie bei euch sind, sehr kostspielig für euch wäre. Wir sind überzeugt, daß ihr uns mit eurem Vorschlag Gutes erweisen wollt, und wir danken euch herzlich. Doch ihr seid weise und müßt wissen, daß verschiedene Völker auch verschiedene Auffassungen haben, und ihr werdet es uns deshalb nicht verübeln, wenn unsere Gedanken über diese Art Erziehung bedauerlicherweise nicht dieselben sind wie die euren. Wir haben darin einige Erfahrung. Mehrere unserer jungen Männer wurden früher an den Hochschulen der Nördlichen Provinzen ausgebildet: Sie wurden in all euren Wissenschaften unterrichtet, doch als sie zu uns zurückkehrten, waren sie schlechte Läufer; sie hatten nicht gelernt, in den Wäldern zu leben und waren weder als Jäger noch als Krieger oder Ratgeber geeignet. Für uns waren sie fremd und ohne jeden Nutzen.

Wir sind euch dennoch sehr dankbar für euer freundliches Angebot, obwohl wir uns entschieden haben, es abzulehnen, und, falls die Herren aus Virginia uns ein Dutzend ihrer Söhne schicken wollen, werden wir, um unsere Dankbarkeit zu beweisen, ihre Erziehung in die Hand nehmen, sie in allem unterrichten, was wir wissen, und Männer aus ihnen machen.

Am Little Bighorn

Kahnfahrer vor ihrem Dorf

Der Seneca-Häuptling Sa-go-ye-wat-ha oder Red Jacket, ein großer Redner vom Volk der Sechs Nationen, wurde im Jahre 1750 in der Nähe des heutigen Geneva/New York geboren. 1805 schickte die Evangelische Missionsgesellschaft in Massachusetts einen jungen Missionar namens Cram ins Land der Irokesen, um »das Wort Gottes zu verbreiten«. In Buffalo/New York wurde eine Ratsversammlung einberufen, und Red Jacket hielt die folgende Ansprache. Er teilte Cram mit, weshalb der Aufenthalt des Missionars den Indianern unerwünscht war. In dem Buch *Lives of Famous Indian Chiefs* erzählt N. B. Wood, wie Red Jacket nach seiner Rede vortrat und dem Missionar die Hand reichte. Cram weigerte sich und sagte: »Es gibt keine Gemeinschaft zwischen der Religion Gottes und der des Teufels.« Daraufhin lächelten die Indianer und zogen sich friedfertig zurück, berichtet Wood.

Freund und Bruder, es war der Wille des Großen Geistes, daß wir an diesem Tag zusammenkommen sollten. Er ordnet alle Dinge an, und er hat uns einen schönen Tag für unsere Versammlung geschenkt. Er hat sein Gewand von der Sonne weggezogen und läßt sie hell auf uns niederstrahlen. Für all diese Dinge danken wir dem Großen Herrscher, und ihm *allein*.

Bruder, dieses Ratsfeuer wurde von dir angezündet. Auf deine Bitte hin kamen wir zu diesem Zeitpunkt zusammen. Wir haben mit Freuden gehört, was du uns gesagt hast. Du hast uns gebeten, unsere Meinung offenheraus zu sagen. Das erfüllt uns mit großer Freude, denn jetzt nehmen wir an, daß wir aufrecht vor dir stehen und sagen können, was wir denken. Alle haben deine Stimme gehört und können einig zu dir sprechen. Unsere Seelen stimmen überein.

Bruder, höre, was wir sagen! Es gab eine Zeit, da gehörte diese große Insel unseren Vorfahren. Ihr Besitz erstreckte sich von der aufgehenden bis zur untergehenden Sonne. Der Große Geist hatte dieses Land für den Indianer erschaffen. Als Nahrung schuf er den Büffel, den Hirsch und andere Tiere. Er hat den Bär und den Biber erschaffen. Ihre Felle dienten uns als Kleidung. Er hat die Tiere über das Land verteilt und uns unterwiesen, sie zu fangen. Er läßt Getreide auf unserer Erde wachsen, damit wir Brot backen können. All das hat er für seine roten Kinder getan, weil er sie liebte. Wenn wir Streitigkeiten wegen unserer Jagdgründe hatten, wurden sie fast immer ohne viel Blutvergießen beigelegt. Doch dann brach ein schlimmer Tag über uns herein: Deine Vorfahren überquerten das Große Wasser und kamen in unser Land. Ihre Zahl war klein. Wir behandelten sie wie Freunde – nicht wie Feinde. Sie erzählten uns, sie seien vor schlechten Menschen aus ihrem eigenen Land geflohen und hierhergekommen, um in Ruhe und ohne Sorgen ihren Gott zu verehren. Sie baten um etwas Land und ein Zuhause. Wir hatten Mitleid mit ihnen und erfüllten ihre Bitte, und sie ließen sich bei uns nieder. Wir gaben ihnen Korn und Fleisch; sie schenkten uns Gift (Rum) als Gegengabe.

Bruder, einst bewohnten wir den größten Teil dieses Landes, und der eurige war klein. Jetzt seid ihr ein großes Volk geworden, und wir haben kaum genug Platz, um unsere Decken auszubreiten. Ihr habt unser Land, aber ihr seid noch nicht zufrieden: Ihr wollt uns eure Religion aufdrängen.

Bruder, höre weiter zu! Du sagst, du seist hergeschickt worden, um uns zu unterweisen, den Großen Geist so zu verehren, wie es ihm wohlgefällig ist, und wenn wir die Religion nicht annehmen, die ihr Weißen lehrt, dann würden wir im Jenseits unglücklich sein. Du sagst, du habest recht, und wir seien Verlorene. Wie sollen wir wissen, daß du die Wahrheit sagst? Wir vernahmen, daß eure Religion in einem Buch geschrieben steht. Wenn sie für uns ebenso wie für euch gedacht war, warum hat der Große Geist dann nicht uns – und nicht nur uns, sondern auch unseren Vorvätern – Kenntnis von diesem Buch gegeben und uns gelehrt, es richtig zu verstehen? Wir wissen nur, was du uns darüber sagst. Wie sollen wir wissen, ob wir dir glauben können, da wir so oft von den Weißen getäuscht wurden?

Bruder, du sagst, es gäbe nur einen Weg, den Großen Geist zu verehren und ihm zu dienen. Wenn es nur einen Weg gibt, weshalb seid ihr Weißen dann so uneins darüber? Warum seid ihr nicht alle einig, da ihr ja alle das Buch lesen könnt?

Bruder, diese Dinge verstehen wir nicht. Es wird uns gesagt, daß eure Religion euren Vorvätern gegeben und vom Vater auf den Sohn überliefert wurde. Wir haben auch eine Religion, die unseren Vorvätern gegeben wurde und die uns, ihren Kindern, überliefert wurde. So beten wir zu unserem Gott. Unsere Religion lehrt uns, dankbar für alle Wohltaten zu sein, die wir empfangen haben, und einander zu lieben und einig zu sein. Wir streiten nie wegen der Religion, weil es eine Sache ist, die nur jedermann selbst und den Großen Geist angeht.

Bruder, wir wünschen nicht, eure Religion zu zerstören oder sie euch wegzunehmen; wir wollen uns nur der unseren erfreuen.

Bruder, es wurde uns gesagt, daß du hier an diesem Ort den Weißen gepredigt hast. Diese Leute sind unsere Nachbarn, sie sind uns gut bekannt. Wir wollen ein Weilchen warten und sehen, wie dein Predigen auf sie gewirkt hat. Wenn wir finden, daß es ihnen guttut, sie ehrlich macht und weniger geneigt, die Indianer zu betrügen, dann wollen wir erneut bedenken, was du gesagt hast.

Bruder, du hast nun unsere Worte gehört, und das ist alles, was wir gegenwärtig zu sagen haben. Da wir jetzt auseinandergehen, wollen wir vortreten, dich bei der Hand nehmen und hoffen, daß der Große Geist dich auf deiner Reise beschützt und dich wohlbehalten zu deinen Freunden zurückkehren läßt.

Red Jackets Abneigung gegen das Christentum brach bei jeder Gelegenheit hervor. Über den anmaßenden Missionar *Cram* sagte er einmal, daß die Weißen sich nicht mit dem Unrecht zufriedengäben, das sie seinem Stamm angetan hatten, sondern ihm auch noch ihre Lehre in die Kehle »rammen« wollten. (Wortspiel: to cram = rammen). Als ein Weißer ihn einmal (1824) fragte, warum er so gegen die Missionare eingestellt sei, erwiderte er:

Sie tun uns nicht gut. Wenn sie den Weißen nicht nützen und ihnen nicht guttun, warum schicken sie sie dann zu den Indianern? Wenn sie den Weißen nützen und ihnen guttun, warum behalten sie sie dann nicht bei sich daheim? Die Weißen sind bestimmt böse genug und benötigen die Anstrengungen von jedem, der sie bessern kann. Die Missionare wissen, daß wir ihre Religion nicht verstehen. Wir können ihr Buch nicht verstehen – sie erzählen uns mal dies, mal das über den Inhalt, und wir glauben, daß sie das Buch so sprechen lassen, wie es ihnen gerade paßt. Wenn wir kein Geld, keinen Boden und kein Land hätten, um das sie uns betrügen wollen, würden sich die Schwarzröcke nicht um unser Wohlergehen im Jenseits bemühen. Der Große Geist wird uns nicht für das bestrafen, was wir nicht wissen. Er wird seinen roten Kindern Gerechtigkeit widerfahren lassen. Diese Schwarzröcke sprechen zum Großen Geist und bitten ihn um Licht, damit wir – gleich ihnen – sehen können, dabei sind sie selber blind und streiten sich um das Licht, das sie leitet. Diese Dinge verstehen wir nicht, und das Licht, das sie uns geben, macht den einfachen und geraden Pfad, den unsere Vorfahren gegangen sind, dunkel und trübselig. Die Schwarzröcke sagen uns, daß wir arbeiten und Korn anpflanzen sollen – dabei tun sie selber nichts und würden verhungern, wenn nicht jemand sie ernährte. Sie tun nichts anderes, als zum Großen Geist zu beten, aber davon wachsen Korn und Kartoffeln nicht: Wenn es so wäre, brauchten sie nicht bei uns und den Weißen zu betteln. Die roten Menschen kannten keinen Streit, bis er mit den Weißen zu uns kam. Kaum hatten sie das große Wasser überquert, wollten sie unser Land haben, und als Gegengabe haben sie sich stets fleißig bemüht, Zank über ihre Religion unter uns zu tragen. Red Jacket kann niemals der Freund von solchen Leuten sein. Würden die Indianer unter Weißen aufwachsen und arbeiten und wie sie lesen lernen, würde das unsere Situation nur noch verschlimmern . . . Wir sind schwach und nicht zahlreich, aber wir könnten noch lange glücklich sein, wenn wir an unserem Land und der Religion unserer Väter festhielten.

Häuptling Flying Hawk, ein Sioux vom Stamm der Oglalla, war ein Neffe Sitting Bulls. Sein leiblicher Bruder Kicking Bear war Anführer der Geistertänze. Flying Hawk wurde »im März 1852 bei Vollmond« in der Nähe von Rapid City geboren. Als junger Mann beteiligte er sich an den Stammesfehden zwischen Crows und Piegans. 1876, im Alter von vierundzwanzig Jahren, kämpfte er an der Seite des berühmten Häuptlings Crazy Horse in der Schlacht am Little Bighorn, in der Custers Armee vollständig vernichtet wurde. Mit zweiunddreißig Jahren wurde er Häuptling. Später schloß sich Flying Hawk der Show Buffalo Bills an. Er trat auch in Oberst Millers »101 Ranch Show« und dem »Sells Floto Zirkus« auf und begleitete die Show-Unternehmen durch das ganze Land. Er starb 1931 in Pine Ridge/Süd-Dakota. Als er schon sehr alt war, sagte er:

Das Tipi ist zum Wohnen viel besser geeignet als die Häuser des Weißen Mannes; es ist immer sauber, warm im Winter und kühl im Sommer, und jeder Mann kann es leicht tragen. Der Weiße baut sich ein großes Haus, das kostet viel Geld und ist wie ein großer Käfig, der die Sonne aussperrt. Er kann sein Haus nicht forttragen; es hält ihn gefangen und macht ihn krank. Die Indianer und die Tiere wissen besser, wie man wohnen muß: Seele und Körper können nicht gesund bleiben, wenn sie nicht Tag für Tag frische Luft atmen und gutes Wasser trinken. Wenn der Große Geist gewollt hätte, daß der Mensch nur an einem Ort bleibt, hätte er die Welt stillstehen lassen; aber er hat sie so geschaffen, daß sie sich dauernd verändert; deshalb können sich die Vögel und die anderen Tiere bewegen und immer grünes Gras und reife Beeren finden. Sie suchen ihre Nahrung im Sonnenschein und spielen, und nachts schlafen sie. Der Sommer kommt, damit die Blumen blühen, und der Winter, damit sie schlafen können. Deshalb wechseln die Jahreszeiten. Alles hat seinen guten Sinn und nichts geschieht umsonst.

Der Weiße gehorcht dem großen Geist nicht, das ist der Grund, weshalb die Indianer nie mit ihm übereinstimmen können.

Piegan-Lager

Wahunsonacock oder Powhatan war regierender Häuptling und faktisch Gründer der Powhatan-Konföderation in Virginia, etwa zur Zeit der ersten englischen Besiedelung. Im Jahr 1607 führte er in Werowocomoco in Virginia ein Streitgespräch mit Captain John Smith:

Ich sah zwei Generationen meines Volkes sterben. Ich bin der einzige Überlebende. Ich kenne und hasse den Krieg und sehne mich nach Frieden wie kein anderer Mann in meinem Land. Ich bin jetzt alt geworden und werde bald sterben: Meine Brüder Opitchapan, Opechancanough und Catatough werden die Führung meines Volkes übernehmen – und danach meine beiden Schwestern und dann meine beiden Töchter. Ich wünschte, daß sie ebensoviel wüßten wie ich und daß eure Liebe zu ihnen ebenso sei wie die meine zu euch. Warum wollt ihr mit Gewalt nehmen, was ihr friedlich und mit Liebe haben könnt? Warum wollt ihr uns vernichten, uns, die wir euch mit Nahrung versorgen? Was könnt ihr durch einen Krieg erreichen? Wir können unsere Vorräte verstecken und in den Wald laufen; dann werdet ihr verhungern, weil ihr euren Freunden Unrecht zugefügt habt. Was neidet ihr uns? Wir sind unbewaffnet und bereit, euch zu geben, was ihr verlangt, wenn ihr freundlich zu uns kommt, und nicht mit Säbeln und Gewehren, als wolltet ihr gegen einen Feind in den Krieg ziehen. Ich bin nicht so einfältig, um nicht zu wissen, daß es viel besser ist, gutes Fleisch zu essen, behaglich zu schlafen, ruhig mit meinen Frauen und Kindern zu leben, mit den Engländern zu lachen und fröhlich zu sein und ihr Kupfer und ihre Beile einzuhandeln, als vor ihnen davonzulaufen und im kalten Wald zu liegen und Eicheln, Wurzeln und ähnlichen Abfall zu essen und ewig auf der Flucht zu sein, so daß man weder essen noch schlafen kann. Wenn wir im Krieg leben, müssen meine Leute aufbleiben und Wache halten, und wenn ein Zweig knackt, rufen sie laut: »Da kommt Captain Smith!« Nun, da mein elendes Leben sich seinem Ende nähert, hört mir zu: Nehmt eure Säbel und Gewehre weg, die nur Argwohn und Haß zwischen uns gesät haben, oder ihr werdet so sinnlos sterben, wie alle, die ihr Leben schon lassen mußten.

Crazy Horse war ein Mystiker, von allen »verehrt und gefürchtet«. Er war Häuptling der Oglalla-Sioux, verachtete das Leben im Reservat und beteiligte sich begeistert an Raubüberfällen auf die Crows und die Mandans. 1875 zogen die Sioux wegen der Besetzung der Black Hills und anderer Rechtsverletzungen durch die Weißen auf den Kriegspfad. Crazy Horse und Sitting Bull führten die zum Krieg entschlossenen Indianer an. Die beiden Gruppen von Crazy Horse und Sitting Bull vereinigten sich 1876 und schlugen Custers Truppe vernichtend. Im darauffolgenden Frühling mußte sich Crazy Horse – von General Miles bis in die Bighorn-Berge verfolgt – ergeben. Im September 1877 wurde er unter dem Verdacht, wieder Unruhen angestiftet zu haben, verhaftet – und, als er zu fliehen versuchte, erschossen. Crazy Horse war einer der wenigen unter den berühmten indianischen Kriegern, der sich nie photographieren ließ. Seine Antwort auf jede entsprechende Bitte lautete stets: »Mein Freund, warum willst du mein Leben verkürzen, indem du mir meinen Schatten nimmst?« Sein Widerstand gegen den Expansionsdrang der Weißen war nicht zu brechen. Er verurteilte die Übergriffe der Weißen auf das Land seines Volkes in folgender Rede:

Wir haben euch weiße Männer nicht gebeten, hierherzukommen. Der Große Geist hat uns dieses Land als Heimat gegeben. Ihr hattet eure Heimat. Wir haben euch nicht gestört. Der Große Geist hat uns reichlich Land zum Wohnen gegeben, mit Büffeln und Hirschen, Antilopen und anderem Wild. Doch dann kamt ihr; ihr nehmt mir mein Land weg, ihr schießt unser Wild ab, so daß es schwer für uns ist, zu überleben. Jetzt sagt ihr, wir sollten für unseren Lebensunterhalt arbeiten – doch der Große Geist hat uns nicht erschaffen, damit wir arbeiten, sondern damit wir von der Jagd leben. Ihr Weißen könnt ja arbeiten, wenn ihr wollt. Wir mischen uns nicht in eure Angelegenheiten ein; ihr dagegen fragt: »Warum werdet ihr nicht zivilisiert?« Wir brauchen eure Zivilisation nicht! Wir wollen leben, wie unsere Väter lebten und wie deren Väter vor ihnen gelebt haben.

Skokomish-Indianer beim Muschel sammeln

Der große Mann wollte nur ein winziges Stück Land, um den Kohl für seine Suppe anzubauen – gerade soviel, wie ein Büffelfell bedeckt. Gleich hier hätten wir erkennen sollen, daß der Geist der Weißen falsch ist und uns betrügen will.

So urteilte, laut mündlicher Überlieferung, ein Delaware-Indianer bei seiner ersten Begegnung mit den Holländern auf der Halbinsel Manhattan (1609)

Jedes Jahr werden die weißen Eindringlinge gieriger, anmaßender, tyrannischer und rücksichtsloser . . . Armut und Unterdrückung sind unser Schicksal . . . Werden wir nicht Tag für Tag des Wenigen beraubt, das uns von unserer alten Freiheit blieb? . . . Wenn die indianischen Stämme nicht einmütig aufstehen gegen den Machthunger und die Habgier der Weißen und ihrer Frechheit entschlossen Einhalt gebieten, werden sie uns, die untereinander gespalten und verwirrt sind, bald besiegen, und uns aus unserem Heimatland vertreiben. Wir werden sein wie vom Herbstwind verjagte Blätter.

Tecumseh, ein Shawnee-Häuptling, bei einer Ansprache im Jahr 1812

Hehaka Sapa oder Black Elk, der berühmte Sioux-Häuptling, berichtet resigniert vom Leiden seines Volkes und von der existenzvernichtenden Massenjagd auf die Büffel. »Der Winter der hundert Erschlagenen«, von dem er spricht, bezieht sich auf die als Massaker berüchtigte Fetterman-Schlacht, in der Hauptmann Fetterman und einundachtzig seiner Soldaten am 21. Dezember 1866 am Peno Creek bei Fort Phil Kearny getötet wurden.

Ich kann mich an den »Winter der hundert Erschlagenen« erinnern, wie sich ein Mensch an einen grausamen Traum erinnern mag, als er noch ein Kind war; aber ich kann nicht sagen, wieviel ich davon erfuhr, als ich größer wurde, und wieviel ich begreifen konnte, als ich ein Kind war. All meine Erinnerungen gleichen furchtbaren Erscheinungen im Nebel, es war eine Zeit, als alles voller Unruhe und Furcht schien.

Ich hatte damals noch nie einen weißen Mann gesehen und wußte nicht, wie er aussah, doch jeder sagte, daß die Weißen kämen und daß sie unser Land wegnehmen und uns alle töten würden und daß wir alle kämpfend sterben müßten.

Einst waren wir glücklich in unserem Land, und wir waren nur selten hungrig; denn damals lebten die Zweibeiner und die Vierbeiner wie Verwandte zusammen, und es war genug für sie und für uns da. Aber die Wasichus (Weißen) kamen, und sie haben kleine Inseln für uns gemacht, und für die Vierbeiner andere kleine Inseln, und diese Inseln werden ständig kleiner, denn um sie herum brandet die nagende Flut der Wasichus, und sie ist schmutzig von Lügen und Habgier.

Ich war in jenem Winter zehn Jahre alt, und das war das erste Mal, daß ich einen Wasichu sah. Zuerst dachte ich, sie sähen alle krank aus, und ich hatte Angst, sie könnten jederzeit mit ihren Angriffen beginnen; doch ich habe mich an sie gewöhnt.

Ich kann mich an die Zeit erinnern, in der die Bisons so zahlreich waren, daß man sie nicht zählen konnte, aber mehr und mehr Wasichus kamen und töteten unsere Büffel, bis dort, wo sie früher gewesen waren, nur noch Haufen von Knochen herumlagen. Die Wasichus töteten sie nicht, um sie zu essen; sie töteten für Geld, das sie verrückt macht, und sie nahmen nur die Häute und verkauften sie. Manchmal nahmen sie selbst die Häute nicht, nur die Zungen, und ich habe gehört, daß die Feuerboote den Mississippi-Fluß herunterkamen und mit getrockneten Bisonzungen beladen waren. Da sieht man, daß die Männer, die so etwas taten, verrückt waren. Manchmal nahmen sie selbst die Zungen nicht; sie töteten nur, weil sie Freude am Töten hatten, und nicht für das Geld, mit dem sie für jeden Abschuß belohnt wurden. Wenn wir Bisons jagten, töteten wir nur, weil wir leben mußten.

Apsaroke-Krieger im Winter

Die folgenden Worte sprach Speckled Snake, ein greiser Creek, der über hundert Jahre alt wurde. 1829 empfahl Präsident Andrew Jackson allen Creeks, Chickasaws, Cherokees, Choctaws und Seminoles ihre Heimat im Osten zu verlassen, um sich in den Westen zu begeben, in ein Gebiet jenseits des Mississippi, wo sie den weißen Mann nicht störten.

Brüder! Ich habe vielen Ansprachen unseres Großen Vaters gelauscht. Als er seinerzeit über die weiten Wasser kam, war er nur ein kleiner Mann . . . sehr klein. Seine Beine waren steif vom langen Sitzen in seinem großen Boot, und er bat um ein Stückchen Land, auf dem er sich ein Feuerchen machen wollte . . . Doch als der Weiße Mann sich am Feuer der Indianer gewärmt und sich mit ihrem Maisbrei vollgestopft hatte, wurde er sehr groß. Mit einem einzigen Schritt stand er auf den Bergen, und seine Füße bedeckten die Prärien und die Täler. Seine Hand griff sich das Ostmeer und das Westmeer, und sein Kopf ruhte auf dem Mond. Dann wurde er unser Großer Vater. Er liebte seine roten Kinder, und er sagte: »Geht ein bißchen weiter fort, damit ich nicht auf euch trete! . . .«

Brüder! Ich habe sehr vielen Ansprachen unseres Großen Vaters gelauscht. Aber sie begannen und endeten immer mit den Worten: »Geht ein bißchen weiter fort, ihr seid mir zu nah.«

Die Mojave, heute den Apachenstämmen zugeordnet, lebten ursprünglich im Verde Valley von Arizona. Sie bekämpften die weiße Invasion ebenso heftig wie die anderen Apachen. 1874 wurden sie, zusammen mit den anderen Apachen, besiegt (daher ihr Name) und in ein Reservat im San Carlos County in Arizona »umgesiedelt«. Natalie Curtis schreibt in *The Indian's Book:* »Bei ihrer Umsiedlung ins San Carlos County wurde den Indianern versprochen, daß sie in ihr Land zurückkehren dürften, sofern sie friedfertig blieben, sich der Lebensweise der Weißen anpassen würden und sich zivilisieren ließen. In ihrer alten Heimat sollten sie dann Ackerbau und Viehzucht betreiben . . . Die Indianer hielten sich vertrauensvoll an diese Abmachung, doch nach neunundzwanzig Jahren mußten sie erkennen, daß ihr Land vollkommen von weißen Siedlern besetzt worden war.« Ein Privatmann kam ihnen zu Hilfe und erhielt »die Vollmacht, für die Indianer ein fruchtbares Stück Land im Verde Valley zu erwerben«. Weihnachten 1903 wurde ihnen das Land neu zugeteilt. An diesem Abend veranstalteten die Indianer einen Tanz zu Ehren ihres ›Retters‹. In einem Dankgebet sagten sie:

»Wir haben unsere Heimat wieder: Wir sind wieder Menschen!«

Achomawi-Indianerin beim Korbflechten

Der folgende Text beweist, wie beredsam und überzeugend Sitting Bull sich gegen Angriffe der Weißen verteidigte und warum er ihr Verhalten verurteilt.

Welchen Vertrag, den die Weißen unterzeichnet haben, hat der Rote Mann je gebrochen? Nicht einen. Welchen Vertrag, den der Weiße Mann je mit uns geschlossen hat, hat er gehalten? Nicht einen. Als ich ein Knabe war, besaßen die Sioux die Welt; über ihrem Land ging die Sonne auf und unter; sie schickten zehntausend Mann in den Kampf. Wo sind die Krieger heute? Wer hat sie erschlagen? Wo ist unser Land? Wer besitzt es? Wo ist der weiße Mann, der von sich sagen darf, daß ich jemals sein Land oder einen Penny von seinem Geld gestohlen habe? Und doch sagen sie, ich sei ein Dieb. Welche weiße Frau, und wenn sie noch so einsam war, wurde je von mir gefangengenommen oder beleidigt? Und doch sagen sie, ich sei ein schlechter Indianer. Welcher weiße Mann hat mich jemals betrunken gesehen? Wer ist je hungrig zu mir gekommen und wurde nicht gespeist? Wer hat jemals gesehen, daß ich meine Frauen schlug oder meine Kinder beschimpfte? Welches Gesetz habe ich jemals übertreten? Ist es unrecht von mir, wenn ich liebe, was mein ist? Bin ich schlecht, weil meine Haut rot ist? Weil ich ein Sioux bin? Weil ich dort geboren wurde, wo mein Vater wohnte? Weil ich für mein Volk und für meine Heimat sterben würde?

Folgende Ansprache richteten die Häuptlinge und Krieger der Ottowan- und Chippewa-Stämme am 3. August 1815 in Chenaille Ecarti/Kanada an Oberst Cadwell, den Bezirksverwalter für Indianische Angelegenheiten. Die Indianer erinnern den Weißen Mann taktvoll an die nicht eingehaltenen Versprechen:

Vater, höre
auf das, was deine hier anwesenden Kinder sagen wollen. Wenn du mit ihnen sprichst, hören sie zu. Wir erwarten, daß auch du deinen Kindern zuhörst und dem, was sie sagen wollen.

Höre,
ich will dir jetzt sagen, was unseren Vorfahren von unserem Vater, dem Engländer, versprochen wurde.

Höre,
du hast unseren Ahnen versprochen, daß du, wenn du uns etwas zu sagen hättest, aufrichtig zu uns sprechen würdest und daß wir, wenn wir dir etwas zu sagen hätten, es ebenso halten sollten. Du hast uns versprochen, daß du uns immer bereitwillig raten und uns den richtigen Weg weisen würdest, und das gleiche sollte für uns gelten, wenn du unrecht handeltest.

Höre,
du hast uns gesagt, daß wir Indianer das Recht hätten, auf dieser Insel zu leben und daß du uns achtest, weil wir immer hier gelebt haben. Aber jetzt, da unsere alten Häuptlinge tot sind, glauben die hier anwesenden Häuptlinge und Krieger, daß ihr die Verträge und Versprechen nicht einhalten wollt, die euer großer Vater unseren Vätern gegeben hat.

Höre Vater,
das Versprechen, das du unseren Vorfahren gegeben hast, hieß: Den Indianern solle es nie an etwas fehlen, daß du reichlich von allem hättest, genug, um alle Bäume im Norden Kanadas damit zu behängen, und daß du unsere Bedürfnisse stets befriedigen würdest. Vater, du hast so viel versprochen; du hältst nichts ein.

Vater,
du hast uns versprochen, daß die Sonne immer für uns scheinen würde. So viel Silber wolltest du deinen Kindern geben, daß sie davon geblendet wären, wie von den Strahlen der aufgehenden Sonne. Vielleicht denkst du, daß wir uns nicht an die Versprechen erinnern, die du unseren Ahnen gegeben hast. Du hast uns erzählt, daß, wenn wir uns zu einer Beratung niedersetzen und du dich dann erheben würdest, wir all das Silber unter dir sehen könnten. Deine Kinder möchten dein Gedächtnis

auffrischen. Sie glauben, daß du die Versprechen vergessen hast, die du ihnen gabst.

Vater,

du weißt, was du uns versprochen hast. Unser Vater in Quebec schickt uns viele Waren; aber wir vermuten, daß sie ganz plötzlich verschwinden, nachdem sie hier schon eingetroffen sind; sie gehen den Indianern verloren, und wir glauben, daß sich eine andere Person daran bereichert.

Höre mein Vater,

als ich in Quebec war und eure Bestimmungen las, erwähnte ich vor unserem Großen Vater, daß wir die uns versprochenen Güter nie erhalten haben; vielleicht ist es eine weiße Maus, die sie stiehlt. Ich bin davon überzeugt, daß es keine schwarze Maus ist . . . Vater, der Grund warum ich spreche, ist der: Als du von Quebec heraufkamst, gabst du uns dieselben Versprechen wie deine Vorgänger – du wolltest nichts in deine Tasche stecken, sondern alles, was für uns geschickt wird, den Indianern geben, weil es ihnen gehört. Das ist alles, was ich zu sagen habe; es ist die Meinung der hier anwesenden Häuptlinge und jungen Männer.

Wir wollen nur das Gedächtnis unseres Vaters auffrischen.

Kutenai-Indianer schneidet Schilf

Tah-gah-jute oder Logan, der Mingo, war ein bekannter Cayuga-Häuptling. Er wurde 1725 in Shamokin/Pennsylvania geboren. Er galt als Freund der Weißen, und deshalb war seine Stellung bei den Indianern umstritten. 1774 metzelten Weiße eine Gruppe von Indianern brutal nieder – darunter auch einige von Logans Verwandten. Der Anschlag wurde als Vergeltung für angebliche Morde an weißen Siedlern ausgegeben. Logan gab seine friedfertige Einstellung auf und führte einige Monate Krieg gegen die Siedler an der Grenze. Der Aufstand wurde unterdrückt, aber Logan weigerte sich, an den Friedensverhandlungen in Chillicothe teilzunehmen. Er sandte statt dessen folgende Botschaft an die Versammlung und verteidigte sein Verhalten:

Ich bitte den Weißen Mann, zu sagen, ob er Logans Hütte je als Hungriger betreten hat und kein Fleisch erhielt, ob er je frierend und nackt erschien und nicht von Logan bekleidet wurde. Im Verlauf des letzten blutigen Krieges blieb Logan tatenlos in seiner Hütte sitzen, ein Befürworter des Friedens. So sehr schenkte er den Weißen sein Vertrauen, daß sein Volk mit dem Finger auf ihn zeigte und sagte: »Logan ist ein Freund der Weißen.«

Ich hätte sogar mit euch leben können, hätten wir nicht die Gewalttätigkeit und Ungerechtigkeit eures Oberst Cressap erfahren. Im vergangenen Frühjahr ermordete er kaltblütig und ohne daß wir ihn provoziert hätten, all meine Verwandten; nicht einmal meine Frauen und Kinder hat er verschont.

Es fließt kein Tropfen meines Blutes in den Adern irgendeines lebenden Geschöpfes. Der langsame, qualvolle Tod meines Volkes hat meine Rache und Feindseligkeit herausgefordert. Ich habe viele getötet; ich habe meine Rache gestillt; aber ich will hoffen, daß mein Volk in dauerhaftem Frieden leben darf.

Aber denkt nur ja nicht, daß ich mir Frieden und Eintracht für mein Volk wünsche, weil ich mich fürchte. Logan hat niemals Furcht gekannt. Er wird sich nicht auf der Ferse umdrehen, um fliehend sein Leben zu retten.

Wer lebt noch, um Logan zu betrauern? Nicht ein einziger meiner Angehörigen!

Die folgenden Worte stammen von Pachtgantschilhilas. Er wurde Anfang des achtzehnten Jahrhunderts geboren und später oberster Krieger aller Delawares, die damals an den Flüssen Miami und White im Nordwesten der Vereinigten Staaten siedelten. In einer Ansprache an die mährischen Indianer in Ohio – sie waren von den mährischen Missionaren bekehrt und daraufhin von ihrem Stamm getrennt worden – versuchte er, die christlichen Indianer zu überreden, ihr Dorf zu verlassen, weil sie dort den Angriffen weißer Grenzer ausgeliefert waren, und sich an einem sicheren Ort niederzulassen. Hierzu bemerkt John Heckewelder, der die Rede Pachtgantschilhilas kommentiert, im *Account of the History, Manners and Customs of the Indian Nations:* »Elf Monate nachdem der Häuptling seine weitsichtige Ansprache gehalten hatte, wurden sechsundneunzig dieser christlichen Indianer, darunter sechzig Frauen und Kinder, an der gleichen Stelle ermordet, an der diese Worte gesprochen wurden, und zwar von den gleichen Männern, die er benannt hatte und auf die von ihm beschriebene Art.«

Ich gebe zu, daß es gute Weiße gibt, aber ihre Zahl steht in gar keinem Verhältnis zu den Schlechten; die Schlechten müssen die Stärkeren sein, denn sie herrschen. Sie tun, was ihnen gefällt. Sie versklaven alle, die nicht ihre Hautfarbe haben, obwohl sie vom gleichen Großen Geist erschaffen wurden, der uns erschaffen hat. Sie würden uns zu Sklaven machen, wenn sie es könnten, aber da sie es nicht können, töten sie uns! Ihren Worten darf man keinen Glauben schenken. Sie sind nicht wie die Indianer, die nur solange Feinde sind, wie sie sich auf dem Kriegspfad befinden, und die in Friedenszeiten Freunde sind. Sie sagen zu einem Indianer: »Mein Freund! Mein Bruder!« und nehmen ihn bei der Hand, aber gleichzeitig vernichten sie ihn. Und so werdet auch ihr (wandte er sich an die christlichen Indianer) sehr bald von ihnen behandelt werden. Denkt daran, daß ich euch am heutigen Tag gewarnt habe, euch vor solchen Freunden wie jenen zu hüten. Ich kenne die »langen Messer« – man kann ihnen nicht trauen.

Im Buch *Carlisle and the Red Men of Other Days* schreibt George P. Donehoo: »Der Hauptgrund für das Ausweichen Richtung Westen der Delaware und Shawnee vom Susquehanna zum Ohio war der durch den Rum-Handel der weißen Händler verursachte moralische Verfall. Immer wieder beklagten die weisen Häuptlinge dieser Stämme diesen Handel, der ihre Jäger um ihre Pelze und Felle, die Krieger um ihre Mannhaftigkeit und die Frauen um ihre Tugend brachte.« Doch der Rum floß weiterhin in Strömen und war in fast allen Indianerdörfern erhältlich. Die Häuptlinge protestierten fortwährend gegen den Verkauf von Rum, den sie für den furchtbarsten Fluch des Weißen Mannes hielten. Ihre Beanstandungen waren jedoch vergebens. Die Händler bereicherten sich ständig. Alkoholismus und psychische Zerstörung begannen zunehmend das Leben der Indianer zu prägen.

Scarouady, ein Häuptling der Oneida und treuer Freund der englischen Siedler, versuchte in folgender Ansprache weiße Händler daran zu hindern, seinem Volk weiterhin derart zu schaden. Auf der ersten Indianer-Ratsversammlung in Carlisle/Pennsylvania, vom 28. September bis zum 4. Oktober 1753, sagte er:

Wir wünschen, daß die Regierungen der Staaten Pennsylvania und Virginia davon absehen, unser Land jenseits der Alleghany-Berge zu besiedeln. Wir raten euch vielmehr, euer Volk auf diese Seite der Berge zurückzurufen, damit kein Schaden entsteht und ihr schlecht von uns denkt . . . Eure Händler bringen jetzt nur wenig Pulver und Blei oder andere wertvolle Waren. Der Rum richtet uns zugrunde. Wir bitten euch zu verhindern, daß er in solchen Mengen verkauft wird, indem ihr die Händler besteuert. Wenn die Whiskyhändler kommen, bringen sie dreißig bis vierzig Fäßchen mit und stellen sie vor uns hin und machen uns betrunken und bekommen all die Felle, die dafür bestimmt waren, die Schulden zu bezahlen, die wir gemacht haben, als wir Waren bei den guten Händlern kauften, und auf diese Weise ruinieren wir nicht nur uns, sondern auch die guten Händler. Wenn die schändlichen Whiskyverkäufer die Indianer betrunken gemacht haben, treiben sie es soweit, daß die Indianer ihnen noch das letzte Kleidungsstück verkaufen, das sie am Leibe tragen. Mit einem Wort, wenn diese Gaunerei weitergeht, ist es unser unvermeidlicher Untergang.

Jack Red Cloud, Sohn des Oglalla-Häuptlings Red Cloud

Tecumseh oder Shooting Star war ein gefeierter Kriegshäuptling der Shawnee und energischer Gegner der weißen Siedlungspolitik. Er war führender Shawnee-Redner. Tecumseh organisierte die zweite große *Indianer-Konföderation*. Er wurde im Krieg von 1812 zum Brigadegeneral der britischen Armee ernannt.

Im Vertrag von Fort Wayne im Jahr 1809 traten die Indianer ohne Tecumsehs Wissen ein großes Stück Land an die amerikanische Regierung ab. Am 12. August 1810 traf Tecumseh in Vincennes mit dem Gouverneur des Territoriums Indiana, General W. H. Harrison zusammen, der im Vertrag von 1809 die Vereinigten Staaten vertreten hatte. Tecumseh focht die Gültigkeit des Landverkaufs an.

Ich bin ein Shawnee. Meine Vorfahren waren Krieger. Ihr Sohn ist ein Krieger. Ich verdanke ihnen nur mein Leben, von meinem Stamm nahm ich nichts. Ich bin der Schöpfer meines eigenen Glücks, und ach, könnte ich doch das Glück meines roten Volkes und meines Landes so großartig gestalten, wie meine Phantasie es mir eingibt, wenn ich an den Großen Geist denke, der das Weltall beherrscht! Dann würde ich nicht zu Gouverneur Harrison gehen und ihn bitten, den Vertrag (von 1809) zu zerreißen und den Grenzstein zu entfernen, sondern ich würde zu ihm sagen: »Sir, es steht Ihnen frei, in Ihr eigenes Land zurückzukehren!«

Wenn mein innerstes Ich mit der Vergangenheit Verbindung sucht, sagt es mir, daß einst kein weißer Mann auf diesem Kontinent war und daß damals alles Land dem Großen Geist gehörte. Er bevölkerte es mit der gleichen Rasse, die das Land hüten und auf ihren Wanderungen seine Reichtümer genießen sollte – einst eine glückliche Rasse, aber unglücklich gemacht von den Weißen, die nie zufrieden sind, und in ihrer Gier stets vertragsbrüchig werden.

Eine Möglichkeit, und zwar die einzige Möglichkeit, dieses Unheil zu verhindern besteht darin, alle Roten zu vereinigen und gemeinsam und gleichberechtigt für das Recht auf unser angestammtes Land zu kämpfen, so, wie dieses Land einst war und noch immer sein sollte, denn es war nie geteilt, und gehörte allen zum Nutzen jedes Einzelnen, so daß niemand das Recht hat, es zu verkaufen, selbst nicht untereinander und noch viel weniger den Fremden – jenen, die alles begehren und sich mit weniger als allem nicht zufrieden geben. Die Weißen haben kein Recht, den Indianern das Land wegzunehmen, denn wir besaßen es zuerst, es gehört uns . . . Es können nicht zwei Völker Besitzer ein und desselben Bodens sein. Die erste Besitznahme schließt alle anderen aus. Beim Jagen oder Umherziehen ist es nicht so, weil dann der gleiche Boden vielen dient . . . doch das Camp ist ortsgebunden . . . es gehört dem ersten, der sich auf seiner Decke oder seinen Fellen niederläßt, die er auf den Boden geworfen hat, und bis er es aufgibt, hat niemand ein Anrecht darauf.

Bei der großen Indianerversammlung vom Oktober 1811 kamen die Shawnees vom Norden herunter und trafen sich mit fünftausend anderen Indianern am westlichen Ufer des Tallapoosa-Flusses in Tukabatchi/Alabama. Hier rief Tecumseh, erbittert über die ewigen Übergriffe der Weißen, erstmalig zur Rache am Weißen Mann auf.

Verflucht sei die Rasse, die sich unseres Landes bemächtigt und unsere Krieger zu Weibern gemacht hat! Unsere Väter erheben ihre Stimmen aus dem Grab und nennen uns Sklaven und Feiglinge. Ich höre sie auch jetzt im Jammern der Winde . . . die Geister der mächtigen Toten klagen. Ihre Tränen fallen aus den klagenden Lüften nieder. Möge die weiße Rasse zugrunde gehen! Sie nehmen euch euer Land weg, sie verderben eure Frauen, sie trampeln auf den Gebeinen eurer Toten herum und stören so ihre ewige Ruhe! Auf blutiger Fährte müssen sie zurückgetrieben werden, dorthin, woher sie kamen.

Roman Nose war ein unerschrockener Krieger und geachteter Häuptling der südlichen Cheyenne. Zwischen 1864 und 1870, als die weißen Siedler begannen, in das heilige Gebiet der Cheyenne vorzudringen, führte Roman Nose eine Gruppe von Indianern zu einer Vergeltungsaktion über die Grenze von Kansas, griff die Gehöfte der Weißen an und bekämpfte die Arbeiterkolonnen, die für die Kansas Pacific Railroad Schienen verlegten. Zu Beginn dieser Auseinandersetzungen und Scharmützel, anläßlich einer Ratsversammlung im Jahr 1866 bei Fort Ellsworth/Kansas, protestierte Roman Nose gegen die Einwanderung der Weißen in das Gebiet der Indianer. In Anwesenheit von General Palmer, der Gesprächspartner der Cheyenne-Häuptlinge war, sagte er:

Wir wollen auf den Weideflächen der Büffelherden und in unseren Jagdgründen keine Wagen haben, die Lärm machen (Lokomotiven). Wenn die Bleichgesichter noch tiefer in unser Land eindringen, werden die Skalps eurer Brüder in den Wigwams der Cheyenne hängen. Ich habe gesprochen.

Tatanka Yotanka oder Sitting Bull, ein Sioux-Krieger und Stammesführer der Hunkpapa-Teton-Gruppe und als älterer Mann ein heiliger »Träumer«, war in der Zeit von 1869 bis 1876 fast ständig auf dem Kriegspfad. Weiße Siedler strömten ins Land und – was noch verhängnisvoller für die Indianer war –, im Black Hills Country war Gold gefunden worden. Im Anschluß an diese Entdeckung befahl die Regierung im Jahre 1875 den Sioux-Indianern, ihre Jagdgründe am Powder River zu verlassen: ein Gebiet, das ihnen im Vertrag von 1868 garantiert worden war. Der Krieg des Jahres 1876 sollte den Befehl der Regierung mit Gewalt durchsetzen. Bei der Ratsversammlung am Powder River im Jahr 1877 sprach Sitting Bull von seiner großen Liebe zu seinem heimatlichen Boden, »eine ganz und gar mystische Liebe«, wie einer seiner Biographen schrieb. »Er pflegte zu sagen, daß gesunde Füße sogar das Herz der Heiligen Erde hören könnten . . . Er stand immer vor dem Morgengrauen auf und liebte es, im Morgentau umherzuwandern und seine bloßen Füße darin zu baden.«

Seht an, meine Brüder, der Frühling ist gekommen; die Erde hat die Umarmung der Sonne empfangen, und bald werden wir sehen, wie ihre Liebe die Natur verwandelt.

Jedes Saatkorn ist erwacht, und ebenso alle Tiere. Dieser geheimnisvollen Macht verdanken auch wir unser Sein, und deshalb gestehen wir unseren Nachbarn, auch die Tiere sind unsere Nachbarn, das gleiche Recht wie uns selbst zu, dieses Land zu bewohnen.

Doch hört mich, Söhne meines Volkes: Wir haben es jetzt mit einer anderen Rasse zu tun! Klein und schwächlich waren sie, als unsere Väter ihnen das erste Mal begegneten, doch jetzt sind sie groß und anmaßend. Seltsamerweise haben sie Lust, den Boden zu bestellen, und die Liebe zum Besitz ist bei ihnen wie eine Krankheit. Diese Leute haben viele Gebote erlassen, welche von den Reichen gebrochen werden dürfen, von den Armen jedoch nicht. Sie erheben Abgaben von den Armen und Schwachen, um die Reichen und Herrschenden zu ernähren. Sie beanspruchen unsere Mutter, die Erde, als ihr Eigentum und grenzen sich gegen ihre Nachbarn ab. Sie verschandeln die Erde mit ihren Gebäuden und ihrem Abfall. Jenes Volk ist wie ein Fluß im Frühling, der über seine Ufer tritt und alle vernichtet, die ihm in den Weg treten.

Wir können nicht nebeneinander wohnen. Es ist erst sieben Jahre her, daß wir einen Vertrag abschlossen, in dem uns garantiert wurde, daß das Büffelland für immer uns gehören sollte. Jetzt drohen sie, es uns wegzunehmen. Meine Brüder, sollen wir uns unterwerfen oder sollen wir ihnen sagen: »Erst müßt ihr mich totschlagen, ehe ihr von meinem Vaterland Besitz ergreift . . .«

Sitting Bull lehnte es immer ab, sich einem Leben im Reservat zu unterwerfen. »Gott hat mich als Indianer erschaffen«, sagte er oft, »aber nicht als einen Reservat-Indianer.« Nach der Schlacht am Little Bighorn im Jahr 1876 floh Sitting Bull nach Kanada, wo ihm erlaubt wurde, in Frieden zu leben. Die Tatsache, daß ein »abtrünniger« amerikanischer Indianer in Kanada Rechte genoß, die ihm in seinem Heimatland verweigert wurden, war eine Quelle anhaltender Verlegenheit für die amerikanische Regierung. Schließlich reiste eine amerikanische Kommission, angeführt von General Alfred Terry, nach Kanada, um Sitting Bull und die kleine Gruppe seiner Anhänger ernsthaft zu ersuchen, in die Vereinigten Staaten und ins Reservat-Leben zurückzukehren. Sitting Bull reagierte auf General Terrys Bitte mit einer Rede, die zunächst die grundsätzlichen Erfahrungen seines Stammes mit dem Großen Weißen Vater umriß und dann an die unzähligen gebrochenen Versprechen und Verträge erinnerte. Sein Schlußwort lautete:

Seit vierundsechzig Jahren verfolgt ihr mein Volk. Ich frage Sie, was wir verbrochen haben, daß wir aus unserem eigenen Land von euch vertrieben werden. Ich will es Ihnen sagen. Wir hatten keinen Ort, wohin wir hätten gehen können, deshalb suchten wir hier Zuflucht. Auf dieser Seite der Grenze war es, wo ich zuerst schießen lernte und ein Mann wurde. Aus diesem Grund kehrte ich zurück. Sie ließen mich nirgends zur Ruhe kommen, bis ich gezwungen war, mein eigenes Land zu verlassen und hierher zu kommen. Ich wuchs in der Nachbarschaft dieser Leute auf und reiche ihnen heute meine Hand. (Er tritt auf den kanadischen Regierungsvertreter MacLeod und auf den Bezirksverwalter Walsh zu, reicht ihnen die Hand und wendet sich dann an die amerikanischen Regierungsvertreter.)

So lernte ich die Menschen hier kennen, und so gedenke ich mit ihnen zu leben. Wir haben Ihnen unser Land nicht geschenkt – Sie haben es uns weggenommen. Sehen Sie her, wie ich mit diesen Leuten stehe! (Er zeigt auf die berittene kanadische Polizei.) Sehen Sie mich an! Sie glauben, ich sei ein Dummkopf, aber Sie sind ein größerer Dummkopf als ich. Dieses Haus, das Heim der Engländer, ist ein Medizin-Haus (»Wohnsitz der Wahrheit«), und Sie kommen her, um uns Lügen zu erzählen. Wir wollen Sie nicht hören. Nun habe ich genug gesagt. Sie können heimkehren. Sagen Sie nichts mehr. Nehmen Sie Ihre Lügen mit! Ich will bei diesen Leuten bleiben! Das Land, aus dem wir kamen, gehörte uns; Sie haben es uns weggenommen; jetzt wollen wir hier leben.

Big Bear, einer der bedeutendsten Indianer der kanadischen Geschichte, war Cree-Indianer und Eingeborener des Carlton-Distrikts. Anläßlich des Vertrages Nr. 6, (des sechsten der elf nach der Konföderation geschlossenen Verträge in Kanada) führte er eine kleine Gruppe von Indianern an, die sich standhaft weigerten, einen Vertrag zu unterschreiben, mit dem sie das von den Vorfahren ererbte Recht auf den heimatlichen Boden verkauft hätten. Er war nicht bereit hinzunehmen, daß die Tage der unbehinderten Freiheit seines Volkes gezählt waren. Bei der Ratsversammlung am Duck Lake in Kanada am 31. Juli 1884 setzte sich Big Bear für ein vereintes Vorgehen der Indianer ein und kritisierte die Weißen wegen mangelnder Redlichkeit.

Ich habe versucht, die Versprechen zu packen, die mir die Weißen gegeben haben; ich habe zugepackt, aber ich kann sie nicht finden. Was sie mir fest versprochen haben, davon habe ich noch nicht die Hälfte gesehen.

Wir sind alle auf die gleiche Art betrogen worden. Das ist der Grund unseres Treffens am Duck Lake. Sie haben mir ein Fleckchen Erde als Ersatz für unseres geboten. Da ich ahne, daß sie nicht Wort halten werden, scheue ich mich, ihr Angebot anzunehmen. Sie haben mir zugestanden, zwischen mehreren kleinen Ersatzgebieten zu wählen, aber es bekümmert mich, die Freiheit meiner weitläufigen Heimat aufzugeben, da sie mir nur kleine Fleckchen Land anbieten, wohin ich mich verkriechen soll; und da ich als Gegenleistung nicht die Hälfte von dem bekomme, was sie mir versprochen hatten. Wann werdet ihr eine große Ratsversammlung abhalten? Es ist mir zugetragen worden, daß ihr noch nicht alle einig seid: Nehmt euch Zeit und vereinigt euch, und ich werde zu euch sprechen! Die Regierung schickt uns solche, die sich für Männer halten. Es sind keine Männer. Sie wissen nichts von Ehrlichkeit. Sie sind wie ein häßliches Biest. Ihre Gesichter sind verzerrt von der Bemühung, wie ehrliche Männer auszusehen.

Mahpiua Luta oder Red Cloud, oberster Häuptling der Oglalla-Sioux, wurde im Jahre 1822 an der Gabelung des Platte-River/Nebraska geboren. Sein ganzes Leben bekämpfte er jeden Versuch der Weißen, eine Eisenbahnlinie durch das Powder-River-Land zu den Goldfeldern Montanas zu bauen. 1851 hatten die Weißen vertraglich das Recht, Indianer-Territorium zu durchqueren. Sie hielten sich nicht an den Vertrag, bauten Forts und versuchten darüberhinaus, Landstraßen in die Wildnis zu schlagen. Bei einer Ratsversammlung in Fort Laramie/Wyoming wiederholte Red Cloud seine Weigerung, die Jagdgründe seines Volkes gefährden zu lassen. Zornig über die Wortbrüchigkeit und Betrugsversuche der Weißen wandte er sich in einer herausfordernden Ansprache an sein Volk.

Hört mich, Dakotas! Als der Große Vater in Washington uns seinen Soldaten-häuptling (Generalmajor William S. Harney) herschickte, der um einen Pfad durch unsere Jagdgründe bitten sollte, eine Spur für seine eiserne Straße zu den Bergen und zum Westmeer, wurde uns erklärt, daß sie nur einen Durchgang durch unser Land wünschten und nicht bei uns verweilen, sondern Gold im fernen Westen suchen wollten. Unsere alten Häuptlinge dachten Freundschaft und guten Willen zu beweisen, als sie die gefährliche Schlange in unserer Mitte duldeten . . .

Doch noch ehe die Asche der Ratsfeuer erkaltet ist, baut der Große Vater in unserer Mitte seine Forts. Ihr habt den Klang der Axt der weißen Soldaten auf dem Little Piney gehört. Sein Hiersein ist eine Beleidigung und eine Bedrohung. Es ist eine Beleidigung der Geister unserer Ahnen. Sollen wir ihre heiligen Gräber aufgeben, damit sie zu Kornfeldern umgepflügt werden? Dakotas, ich bin für den Kampf!

Die Dawes-Kommission, eingesetzt von der Regierung der Vereinigten Staaten, sollte das Leben der Choctaws und Chickasaws erforschen. Sie empfahl, die Stammesregierungen beider Völker aufzulösen, ihren Landbesitz zu verteilen und das Indianergebiet der Verwaltung einer Territorial-Regierung zu unterstellen. Die Indianer sollten Bürger der Vereinigten Staaten werden. Die Begründungen für diesen Plan waren unterschiedlich. Entweder hieß es, »die Stammesregierungen bieten keinen ausreichenden Schutz für das menschliche Leben«, oder man behauptete, die wertvollen Kohlengruben würden nur von einigen wenigen Einzelpersonen ausgebeutet, oder, weiße Kinder wüchsen im Indianergebiet ohne jede Bildung auf, weil es an Schulen fehle. Auf diese Argumente erwiderten die Indianer, daß sie die rechtmäßigen Besitzer dieses Landes seien, und nicht etwa die Weißen. Sie sagten: »Wir haben schon vor langer Zeit alles Land an die Regierung abgetreten, das wir entbehren konnten, damit sich die Weißen ihre Häuser dort bauen können . . . Wir haben uns nur deshalb zur Aufgabe unseres Landes entschlossen, weil die Regierung der Vereinigten Staaten uns vertraglich zugesichert hat, daß der Fuß des Weißen Mannes nie unsere neue Heimat betreten würde und daß niemals eine territoriale oder staatliche Regierung über uns gesetzt werden solle. Und jetzt kommt man uns mit dem Argument, daß so viele weiße Menschen in unserem Land ansässig sind, und . . . um sie zu schützen, müßten wir einwilligen, daß unsere Stammesregierungen aufgelöst, unser Landbesitz verteilt und eine Territorial-Regierung über uns gesetzt wird!«

1895 begegneten Vertreter der Choctaw- und Chickasaw-Völker des Indianergebietes vor dem Präsidenten der Vereinigten Staaten dem Senat und dem Repräsentantenhaus dem Bericht der Dawes-Kommission mit folgender Rede:

W ir möchten ein wenig von der Geschichte unseres Volkes ins Gedächtnis rufen. Die Choctaw- und Chickasaw-Völker haben die Vereinigten Staaten nie einen Cent an Unterstützung gekostet. Sie haben sich stets selber ernährt und tun es auch heute noch. Jeder ehrliche Mann wird zugeben müssen, daß die Choctaws und die Chickasaws vor etwas mehr als fünfzig Jahren glücklich im Osten des Mississippi lebten; ihr Landbesitz war ausgedehnt, reich und wertvoll. Die Weißen begannen, uns im Osten zu bedrängen, genauso, wie sie es jetzt im Westen tun. Die Regierung der Vereinigten Staaten zwang uns damals, um Heimstätten für ihr eigenes Volk zu schaffen, unser wertvolles Land dort aufzugeben und neue Reservate westlich des großen Mississippistroms zu besiedeln, wobei sie uns versprachen, daß wir dort vor der Einwanderung und Landgier des Weißen Mannes sicher wären. Wir willigten ein – unter der Bedingung, daß die Regierung uns vor neuen derartigen Invasionen schützen und uns die Ländereien als Eigentum übergeben sollte – mit einem Freibrief, der uns vertraglich garantiert, daß niemals eine territoriale oder staatliche Regierung ohne unsere Einwilligung über uns gesetzt würde. Es ging ja darum, unsere alte Heimat zu verlassen und an die Weißen abzutreten. Schweren Herzens kehrten wir den Gräbern unserer Väter den Rücken und begannen die trübselige Wanderung zu unserer neuen Heimat im Westen, in eine Wildnis westlich vom Mississippi. Nach langen und mühseligen Wanderungen und nachdem viele unserer Brüder vor Erschöpfung und Hunger gestorben waren, erreichten wir das neue Reservat nur mit einem Trost, der einzig unsere matten Geister beleben konnte, nämlich: daß wir nie wieder belästigt werden würden. Dort in der Wildnis, wo nur wilde Tiere unsere Nachbarn waren, machten wir uns auf unsere einfache Art an die Arbeit, schufen uns eine neue Heimat und beriefen eine Regierung, die für unser Volk geeignet war.

Im Jahr 1885 verpachteten oder verkauften wir auf Bitten der Regierung der Vereinigten Staaten den gesamten westlichen Teil unseres Reservats. Das waren – nach eurer Rechnung – mehr als zwölf Millionen Morgen Land. Ihr wolltet dort Heimstätten für den Weißen Mann schaffen und andere, euch freundlich gesinnte Indianer dort ansiedeln. Auf erneute, dringende Bitte der Regierung gaben wir im Jahr 1866 alles Pachtland frei, weil ihr dort wiederum euch freundlich gesinnte Indianer ansiedeln wolltet. Wir gaben aus den gleichen Gründen nach wie 1855. Und abermals, in den Jahren 1890 und 1891, verzichteten wir auf . . . drei Millionen Morgen . . ., die diesmal von Weißen besiedelt werden sollten. Jetzt, nach weniger als fünf Jahren, werden wir aufgefordert, unsere Stammesregierung aufzulösen und statt dessen eine Territorial-Regierung anzuerkennen, unsere Ländereien in Sondergebiete aufzuteilen, Bürger der Vereinigten Staaten zu werden, und – was schlimmer ist –: Man versucht uns auch ohne unsere Einwilligung zu zwingen. Eine so radikale Aufgabe all unserer Interessen würde nach unserem Dafürhalten die Indianer in wenigen Jahren ausrotten . . . Wir fragen jeden, der für Gerechtigkeit und Anstand eintritt, ob es recht ist, daß eine große und mächtige Regierung Jahr für Jahr fortfährt, von einem schwächeren und abhängigen Volk Landabtretungen zu verlangen, unter dem Vorwand, Heimstätten für Heimatlose zu schaffen. Die große Regierung der Vereinigten Staaten, unsere Schutzherrin, gewährt Jahr für Jahr etwa 250 000 armen Ausländern Eintritt in die Union und damit Wohnrecht auf amerikanischem Boden. Müssen ausgerechnet wir, die entrechteten Ureinwohner dieses Landes, jenen fremden Bettlern unsere Heimat und das Glück unserer Kinder opfern? Wir haben unser ganzes Leben mit unseren Stammesgenossen gelebt, und glauben, daß wir mehr über sie wissen, als jede Kommission, wie gut und intelligent sie auch sein mag, nach ein paar Besuchen an den Bahnstrecken und in den Städten, wo nur wenige Indianer leben, wissen kann. Die Weißen sorgen sich nicht um das Schicksal der Indianer, wenn nur ihre eigene Habsucht befriedigt wird.

Dem Mann, der in seinem Tipi auf der Erde saß
und über das Leben und seinen Sinn nachdachte,
an die Verwandtschaft aller Geschöpfe glaubte
und die Einheit allen Lebens in der Unendlichkeit erkannte,
öffneten sich die Augen für den Sinn
jeder wirklichen Kultur. Er begriff auch, warum sein Volk
etwas Unwiderbringliches verlieren würde, wenn
es nicht nach den Gesetzen und dem Glauben seiner
Vorväter lebte.

Häuptling Luther Standing Bear

Im Mai 1874 wurde bei einer Zusammenkunft der New York Historical Society der Vortrag »*Territorial Limits, Geographical Names and Trails of the Iroquois*« gehalten. Unter den Zuhörern war auch Wa-o-wo-wa-no-onk (Dr. Peter Wilson), ein Cayuga-Häuptling mit akademischer Ausbildung. Auf die Behauptung, »die Irokesen hätten keine geschichtlichen und kulturellen Denkmäler hinterlassen«, antwortete er:

D as Land Ganono-o oder Empire State, wie Sie es gerne nennen, war einst von Albany bis Buffalo von unseren Pfaden durchzogen wie ein Netz – von Pfaden, die wir seit Jahrhunderten getreten hatten, von Pfaden, die die Füße der Irokesen glattgetreten hatten. Sie konnten darauf reisen, als sich Ihr Landbesitz allmählich in den meines Volkes hineinfraß. Ihre Straßen führen noch immer entlang der alten Indianerpfade, von einem indianischen Verbindungspunkt zum anderen.

Das Land selbst, das Land Ganono-o, der Empire State, ist daher unser historisches Denkmal! Wir werden unseren angestammten Lebensraum kaum für längere Zeit behaupten können: ein einziger Baum von den Tausenden, die unseren Vorvätern Schutz boten – eine alte Ulme –, wird ausreichen, uns alle zu beschirmen; doch wir wünschen, daß ihre Wurzeln unsere toten Körper durchdringen – in dem gleichen Boden, aus dem sie hervorwuchs! Vielleicht wird sie nicht weiterleben, wenn sie von unserer Asche gedüngt wird . . .

In Ihrem letzten Krieg gegen England kam Ihnen Ihr roter Bruder – Ihr älterer Bruder – noch, wie von jeher, an der kanadischen Grenze zu Hilfe! Spielen wir, die einstigen rechtmäßigen Bewohner dieses blühenden Landes, nun plötzlich keine Rolle mehr in Ihrer Geschichte? Damals waren Ihre Väter froh, auf der Schwelle des Langen Hauses (eine Art Rathaus) sitzen zu dürfen, und sie schätzten sich glücklich, wenn sie hin und wieder einige Wortfetzen auffingen, die von unserer Beratung durch die Tür drangen.

Haben unsere Vorfahren Sie von ihrer Schwelle gejagt, als die Franzosen an der Hintertür polterten, um sich Durchgang zu erzwingen und Sie ins Meer zu jagen? Wie auch immer das Schicksal anderer Indianer gewesen sein mag, die Irokesen hätten noch immer ein einiges Volk sein können, und ich, statt um das Vorrecht zu bitten, innerhalb der von Ihnen gezogenen Grenzen zu leben, ich, ich hätte vielleicht ein ganzes Land besessen!

Plenty-Coups oder Aleek-chea-ahoosh (»viele Heldentaten«) wurde im Sommer 1848 bei Billings/Montana geboren und erhielt seinen Namen von seinem Großvater, der gesagt hatte: »Mir hat geträumt, daß er am Leben bleiben und viele wichtige Taten vollbringen und alt werden würde. Mein Traum hat mir auch verkündet, daß er ein Häuptling wird – der größte Häuptling, den unser Volk jemals haben würde«. Plenty-Coups starb im Jahr 1932; kurz nachdem er der amerikanischen Regierung den Rest seines Landes, zweihundert Morgen (ein Tal in Südost-Montana), vermacht hatte; es sollte ein Park sein, »zum Gedächtnis der Crow-Nation und als Zeichen meiner Freundschaft für alle Menschen, sowohl der Roten als auch der Weißen.« Er wurde hinter seinem Haus in einem Pappel-Hain begraben, den er als junger Mann gepflanzt hatte. – Hier folgt ein Auszug aus seiner Autobiographie.

Als ich vierzig geworden war, konnte ich sehen, daß unser Land sich schnell veränderte und daß diese Veränderungen uns zwingen würde, ganz anders zu leben als zuvor. Jeder konnte es jetzt sehen: Bald würde es keine Büffel auf der Prärie mehr geben; die roten Männer fragten sich, wie wir weiterleben sollten, wenn die Büffel ausgerottet waren. Es gab wenig Kriegszüge und fast keine Überfälle. Die Weißen mit ihren gescheckten Büffeln (Rindern) waren rings um uns her auf der Prärie. Ihre Häuser standen in der Nähe der Wasserlöcher, und ihre Dörfer waren an den Flüssen. Wir entschlossen uns, ihnen friedlich zu begegnen, obwohl wir die Veränderungen fürchteten, die sie in unser Leben brachten. Doch es fiel uns schwer, mit den weißen Männern in Eintracht zu leben. Sie versprachen uns zu oft, etwas zu tun, und dann taten sie etwas ganz anderes – wenn überhaupt.

Sie sprachen sehr laut, wenn sie sagten, daß ihre Gesetze für alle gemacht seien, doch wir merkten bald, daß sie zwar von uns erwarteten, daß wir ihre Gesetze befolgten, aber sie selbst übertraten sie und fanden nichts dabei. Sie sagten uns, wir sollten keinen Whisky trinken, doch sie brannten selbst Whisky und verkauften ihn an uns gegen Pelze und Kleider, bis von beidem fast nichts mehr da war. Ihre weisen Männer sagten, wir könnten ihre Religion haben, doch als wir sie zu verstehen versuchten, merkten wir, daß die Weißen zu viele Arten von Religionen hatten. Wir konnten sie nicht verstehen. Kaum zwei Weiße waren sich darüber einig, welches die richtige Religion war, die man lernen sollte. Doch dann sahen wir, daß die Weißen ihre Religion nicht ernster nahmen als ihre Gesetze und daß sie die beiden einfach im Hintergrund hielten, wie Helfer, die sie benutzen konnten, wenn sie ihnen im Umgang mit Fremden von Nutzen sein würden. Das war bei uns nicht Brauch. Wir achteten die Gesetze und lebten nach den Geboten unserer Religion. Nie haben wir den Weißen Mann verstehen können, der niemanden belügen kann, nur sich selbst.

Als Kind besuchte Häuptling Luther Standing Bear die »weiße« Schule in Carlisle: »Ich erinnere mich, daß auf unserem Weg zur Carlisle-Schule – weil wir glaubten, der Tod aus der Hand der Weißen stehe uns bevor – die älteren Jungen mutige Lieder sangen, damit wir alle dem Tod gemäß den Vorschriften der Lakotas gegenüberträten – ohne Furcht ... Das mutige Lied sollte uns stärken, um jede Schicksalsprüfung tapfer zu bestehen und schwache Gemüter zu stützen.« In einem Abschnitt aus seiner Autobiographie *Land of the Spotted Eagle* spricht er von diesem Leid und von einigen Sitten der Weißen, die von den Indianern als beleidigend oder als schädlich empfunden wurden.

Die Kleidung des Weißen Mannes, die von den Lakotas übernommen wurde, widersprach oft den körperlichen Bedürfnissen und dem Wohlbefinden meines Volkes, und in der Carlisle-Schule, wo wir unsere Stammeskleidung plötzlich und ohne Übergang gegen die des Weißen eintauschen mußten, zeigte sich ein beträchtlicher Einfluß auf die Gesundheit und das Behagen unserer Kinder. Unser Groll richtete sich zunächst gegen den Haarschnitt. Bei den Lakota ist es immer Brauch gewesen, daß die Männer ihr Haar lang trugen, und alte Stammesgenossen haben noch immer lange Haare. Als wir zum ersten Mal von dem Brauch der Weißen hörten, sprachen sich ein paar ältere Jungen dafür aus, sich gegen die kurze Haartracht der Weißen zu wehren. Doch sie fügten sich, als sie die Sinnlosigkeit ihres Widerstandes einsehen mußten. Aber noch viele Tage nachdem wir geschoren worden waren, fühlten wir uns fremd und unbehaglich. Wenn das Argument zutraf, daß man die Jungen nur entlausen wolle –, warum mußten sich dann die Mädchen nicht der gleichen Prozedur unterziehen? Der eigentliche Grund war, daß wir verändert und angepaßt werden sollten. Und da kurzes Haar beim Weißen Mann als Kennzeichen für Vornehmheit galt, wurde uns dieses Siegel aufgedrückt, obwohl der Weiße doch noch an seiner Sitte festhielt, einen Teil seines Gesichts von Haarwuchs bedecken zu lassen.

Unser nächster Groll galt den Hosen: Wie wir meinten, hatten wir die besseren hygienischen Gründe auf unserer Seite. Unser Körper war gewöhnt, ständig in Sonne, Luft und Regen zu baden, und unsere Poren – die in Wirklichkeit natürliche, hochentwickelte Atmungswerkzeuge sind –, konnten unter den Hosen aus schwerem, schweißaufsaugendem Stoff nicht arbeiten. Unsere Qual wurde noch durch die schlimmste aller Torturen verstärkt: durch Unterwäsche aus rotem Flanell! Für die steifen Kragen, die Oberhemden mit steifer Hemdbrust und die Melone auf dem Kopf wäre jedes lobende Wort fehl am Platz, und die schweren, quietschenden Lederstiefel waren vollendete Folterwerkzeuge, die wir ertrugen, weil wir glaubten, mit ihnen seien wir »gesellschaftsfähig angezogen«. Sehr oft wurden wir wegen unserer Stammeskleidung ausgelacht; aber kann man irgend eine der Sachen, die wir trugen, mit der unüberbietbaren Albernheit der Stahlstangen-Korsetts und der riesigen Tournüre vergleichen, zu der sich unsere Mädchen nach einigen Jahren in der Schule der Weißen bekehren ließen?

Gewisse kleine Gewohnheiten stehen im Zusammenhang mit umfassenderen, tieferen Ideen, und aus Gründen dieser Art mißfiel den Lakotas das Taschentuch: sie ekelten sich davor, diesen Toilettenartikel der Weißen zu gebrauchen. Der Indianer, der ja fast nur im Freien lebte, hatte keine Verwendung für ein Taschentuch. Er war gegen Erkältungen so gut wie gefeit. Der Weiße Mann, der vor allem ein Stuben-hocker war, war anfällig für Erkältungen und ähnliche Krankheiten. Bei ihm war das Taschentuch ein notwendiger Toilettenartikel. Es leuchtet also ein, warum die Indianer das Tragen eines Taschentuchs als unhygienische Gewohnheit verurteilten.

Nach Ansicht des Weißen kehrt der Indianer, wenn er sich entscheidet, Kleidung und Bräuche seines Stammes wieder aufzunehmen, »zur Decke zurück«. Das stimmt, doch die »Rückkehr zur Decke« ist gerade der Faktor, der ihn vor der endgültigen Vernichtung gerettet oder sie zumindest verlangsamt hat. Wäre der Geist des Indianers so völlig unterjocht worden wie sein Körper, dann wäre er schon im ersten Jahrhundert seiner Unterwerfung ausgelöscht worden. Doch da sein Geist sich nicht betäuben ließ, konnte der Indianer sich der völligen Ausrottung durch die Weißen so lange widersetzen: das Festhalten an indianischen Bräuchen, indianischem Denken und an der Tradition unseres Volkes hat ihn gestützt. Die Bräuche des Weißen Mannes waren dem Indianer fremd, und vieles von dem, was er sich anzueignen versuchte, hat sich als verheerend erwiesen und ihn furchtbar gekränkt. Hätte der Indianer die betrügerische Schmeichelei seines Unterdrückers rechtzeitig erkannt und seine eigene angeborene Wahrheit beibehalten können, hätte er Whisky und Krankheiten vermieden und wäre er ein Sinnbild an Gesundheit und Kraft geblieben, das er ehemals war, dann wäre er vielleicht ein anerkannter Mann, statt wie eine Geisel in einem Reservat zu sitzen. Doch manch ein Indianer konnte sich nur deshalb retten und in Würde überleben, weil er »wieder zur Decke zurückkehrte«. Die Wolldecke des Indianers und die Büffeltracht sind ein typisch amerikanisches Gewand. Sie wurden mit Stolz getragen, so, wie die Weißen ihre Fahnen tragen, und sie umhüllten das Urbild des amerikanischen Indianers, der einer der tapfersten Kämpfer für die wahren Werte von Freiheit und Menschenwürde war.

Einen Mann falsch zu bekleiden, bedeutet nur, seinen Geist zu verwirren und ihn widersinnig und lächerlich erscheinen zu lassen, daher meine flehentliche Bitte an den amerikanischen Indianer, seine Stammestracht beizubehalten.

Tatanga Mani, ein Stoney-Indianer, äußert sich in seiner Autobiographie unter anderem über die Erziehung, die er bei den Weißen erhielt.

O ja, ich ging in die Schulen des Weißen Mannes! Ich lernte lesen – Schulbücher, Zeitungen, die Bibel. Doch mit der Zeit fand ich, daß sie mir nicht genügten. Die zivilisierten Menschen sind zu abhängig von den von Menschen gemachten Druckseiten. Ich wende mich dem Buch des Großen Geistes zu, nämlich allem, das er geschaffen hat. Man kann einen großen Teil dieses Buches lesen, wenn man die Natur studiert. Ihr wißt sehr gut: Wenn ihr alle eure Bücher zusammentragt und sie der Wirkung von Sonne, Schnee, Regen und Insekten für ein Weilchen überlaßt, dann bleibt nichts von ihnen übrig. Doch der Große Geist hat dir und mir Gelegenheit gegeben, an der Hochschule der Natur zu studieren, die Wälder und Flüsse, die Berge und die Tierwelt, zu der auch wir gehören.

Die folgende Erklärung stammt aus der im Jahr 1933 veröffentlichten Biographie des Häuptlings Luther Standing Bear.

Der Weiße Mann versteht die Indianer nicht, weil er das amerikanische Land nicht versteht. Dem Weißen sind Entwicklung und Geschichte dieses Kontinents fremd. Die Wurzeln seines Lebensbaumes haben sich noch nicht in die Berge und Täler dieses Landes eingegraben. Den Weißen Mann beunruhigen noch seine primitiven Ängste; in seinem Bewußtsein spuken noch immer die Gefahren dieses »Kontinents der Pioniere«, da einiges von dessen Weite sich noch nicht seinen forschenden Schritten und seinen fragenden Blicken ergeben hat. Er schaudert noch bei der Erinnerung an die menschlichen Verluste, die seine Vorfahren in den sengenden Wüsten und auf den drohenden Berggipfeln erlitten. Der Mann aus Europa ist noch immer ein Fremdling und Außenseiter. Und noch immer haßt er den Mann, der sich der Eroberung dieses Kontinents in den Weg stellte. Doch im Indianer wohnt noch der Geist des Landes und der Atem seiner Natur, und so wird es sein, bis andere Männer fähig sind, den Rhythmus dieses Landes zu begreifen und sich ihm anzupassen. Menschen müssen geboren und wiedergeboren werden, um eine wirkliche Heimat zu haben. Ihre Leiber müssen aus dem Staub der Knochen ihrer Vorfahren geformt sein.

Sun Chief wurde im März 1890 geboren und wuchs bei den Hopi in Oraibi/Arizona auf. In seiner Jugend besuchte er das Sherman-Institut in Riverside in Kalifornien, wo er gute Englischkenntnisse erwarb und rasch die Lebensweise des Weißen Mannes annahm. Später kehrte er jedoch nach Oraibi zurück, um bei seinem Volk zu leben. Zwischen 1938 und 1941 schrieb er seine Lebensgeschichte; im folgenden Auszug kommentiert er seine Jugenderfahrungen.

Ich hatte viele englische Wörter gelernt und konnte einen Teil der Zehn Gebote auswendig hersagen. Ich wußte, wie man in einem Bett schläft, zu Jesus betet, wie man sich seine Haare kämmt, mit Messer und Gabel ißt und die Toilette benutzt . . . Ich hatte auch gelernt, daß mancher mit dem Kopf statt mit dem Herzen denkt.

Der viel beachtete Schriftsteller Ohiyesa erinnert sich seiner Vergangenheit.

Als Kind verstand ich zu geben; seither – seit ich zivilisiert bin – habe ich diese Tugend vergessen. Damals war mir jeder schöne Kieselstein wertvoll; jeder wachsende Baum war Gegenstand meiner Verehrung. Jetzt stehe ich mit dem Weißen Mann ehrfürchtig vor einer gemalten Landschaft, deren Wert in Dollars gemessen wird! So wird der Indianer sich selbst entfremdet, wie die natürlichen Steine zu Pulver zermahlen und zu künstlichen Blöcken gepreßt werden, aus denen man die Mauern der modernen Gesellschaft baut.

Der erste Amerikaner war stolz und dennoch voller Demut. Geistiger Hochmut war seiner Natur und seiner Lehre fremd. Er behauptete niemals, daß der Besitz einer zusammenhängenden Sprache Überlegenheit über die stumme Kreatur beweise. In gewisser Hinsicht hielt er sie sogar für eine gefährliche Gabe. Er glaubt an das Schweigen – als Zeichen eines vollkommenen Gleichgewichts. Schweigen ist die völlige Ausgewogenheit oder Harmonie des Körpers, des Gemüts und des Geistes. Der Mensch, der sich sein Selbst bewahrt, ist immer gelassen und nicht zu erschüttern von den Stürmen des Daseins – er ist nicht wie das zitternde Blatt am Baum, nicht wie die kräuselnden Wellen an der Oberfläche eines schimmernden Teiches: er besitzt – nach Ansicht des gebildeten Weisen – die ideale Haltung und Einstellung gegenüber dem Leben.

Wenn du ihn fragst: »Was ist Schweigen?«, wird er antworten: »Es ist das Große Geheimnis. Das heilige Schweigen ist seine Stimme.« Wenn du fragst: »Welches sind die Früchte des Schweigens?« wird er antworten: »Selbstbeherrschung, wahrer Mut und Ausdauer, Geduld, Würde und Ehrfurcht. Schweigen ist der Eckpfeiler einer harmonischen Persönlichkeit.«

3. Meine Stimme ist schwach geworden.

Ich bin heute der unbekannte Angehörige eines Volkes, das mich einst ehrte und meine Worte achtete. Der Pfad zum Ruhm ist uneben, und viele trübe Stunden verdunkeln ihn. Möge der Große Geist Licht auf Euren Weg werfen – und mögen Euch die Demütigungen erspart bleiben, zu denen mich die Macht der amerikanischen Regierung erniedrigt hat. Dies ist der Wunsch eines Mannes, der, als er noch in seinen heimatlichen Wäldern lebte, ebenso stolz und kühn war wie Ihr.

Ma-ke-tai-me-she-kia-kiak
oder Black Hawk, im Jahre 1833
an General H. Atkinson.

Cowichan-Indianerin

Ja, wir wissen: Wenn ihr kommt, *sterben wir*.

Chiparopai,
eine alte Yuma-Indianerin.

Der Kriegstanz wurde meistens am Abend vorgeführt. Er wurde nur bei wichtigen Anlässen oder örtlichen Ratsversammlungen von außergewöhnlicher Bedeutung getanzt. Während des Tanzes wurde jedes Lied vom Kriegsruf und dessen Erwiderung eingeleitet. Der Anführer stieß ihn aus, und die Gruppe der Tänzer antwortete. Jeder Anwesende durfte in jeder Phase des Tanzes eine Ansprache halten. Diese Reden waren oft Neckereien zwischen Einzelpersonen oder kritische Bemerkungen über gegenseitige Schwächen oder vielleicht Ermahnungen zu patriotischem Gefühl. Die folgende Rede hat O-no-sa gehalten.

Freunde und Verwandte, wir haben allen Grund, auf die Heldentaten unserer Ahnen stolz zu sein. Mit Kummer nehme ich den jetzigen Abstieg unserer edlen Rasse wahr. Einst bannten Kriegsgeschrei und Kriegsbemalung den Weißen Mann in Entsetzen. Damals waren unsere Väter stark, und ihre Macht wurde weit und breit auf dem amerikanischen Kontinent wahrgenommen und anerkannt. Doch die List und Habgier der weißhäutigen Rasse hat uns geschwächt und zerrieben. Heute sind wir gezwungen, darum zu flehen, daß man uns – aus Gnade – auf unserem eigenen Land zu wohnen erlaubt, uns unsere eigenen Felder bestellen, aus unseren eigenen Quellen trinken läßt und es duldet, wenn wir unsere Gebeine bei denen unserer Väter begraben. Vor vielen Wintern prophezeiten unsere weisen Ahnen, daß ein mächtiges Ungeheuer mit weißen Augen aus dem Osten kommen und auf seinem Vormarsch unser Land verschlingen würde. Dieses Ungeheuer ist die weiße Rasse, und die Prophezeiung hat sich schon fast erfüllt. Unsere Ahnen haben ihren Kindern geraten, wenn sie schwach würden, einen Baum mit vier Wurzeln zu pflanzen, die sich nach Norden, Süden, Osten und Westen ausbreiten, und sich dann im Schatten dieses Baumes einzufinden und in Eintracht und Harmonie beieinander zu leben. Der Baum, schlage ich vor, soll genau an dieser Stelle hier sein. Hier wollen wir uns versammeln, hier leben und hier sterben.

Shabonee oder Shabbona, ein friedlicher Häuptling und Sprecher der Potawatomi, wurde 1775 am Maumee River/Ohio geboren und starb im Jahr 1895. Er hat viele weiße Siedlungen vor der Vernichtung gerettet, indem er die Anwohner vor geplanten Indianeraufständen und Überfällen warnte. 1832 wurde er von Black Hawk, dem Anführer einer solchen Revolte, zweimal aufgefordert, sich den kämpfenden Indianern anzuschließen, aber Shabonee lehnte ab. Statt dessen versuchte er, Black Hawk zu überreden, seinen Plan aufzugeben. Als ihm dies nicht gelang, warnte er die benachbarten Siedler. Aus Rache töteten Sauk- und Fox-Indianer den Sohn und den Neffen von Shabonee. Kurz vorher, 1827, während des Winnebago-Krieges gegen die Siedler, hatte Shabonee sich ebenfalls geweigert, den Kampf zu unterstützen. Er erklärte den beiden Winnabago-Häuptlingen seine Gründe:

In meiner Jugend sah ich auf den Prärien riesige Büffelherden, und in jedem Wald traf man auf Elche, doch sie sind nicht mehr hier, sie sind gen Sonnenuntergang gezogen. Viele hundert Meilen weit lebte kein Weißer, doch jetzt findet man über das ganze Land verstreut Handelsposten und Siedler, und in ein paar Jahren wird man den Rauch ihrer Hütten aus jedem Wäldchen aufsteigen sehen, und die Prärie wird mit ihren Getreidefeldern bedeckt sein . . .

Der rote Mann muß das Land seiner Jugend verlassen und im fernen Westen eine neue Heimat suchen. Die Heere der Weißen sind zahllos wie der Sand am Meer, und allen Stämmen, die mit ihnen Krieg führen, droht der Untergang.

Im August 1795 unterzeichnete Blue Jacket, ein einflußreicher Shawnee-Häuptling, den Greenville-Vertrag in Fort Greenville/Ohio und überließ so den Weißen einen großen Teil indianischen Territoriums. Ein anderer Shawnee-Häuptling, Tecumseh, bezeichnete den Vertrag als wertlos und als glatten Betrug an den Indianern:

Mein Herz ist ein Stein: Es ist schwer von Trauer um mein Volk, kalt im Wissen, daß kein Vertrag die Weißen aus unserem Land fernhalten wird, und hart im Entschluß, Widerstand zu leisten, solange ich lebe und atme. Jetzt sind wir schwach, und viele in unserem Volk fürchten sich. Aber hört mich an: Ein einzelner Zweig bricht, doch ein Bündel von Zweigen ist stark. Eines Tages werde ich unsere Bruder-Stämme umarmen und zu einem Bündel vereinen, und zusammen werden wir unser Land von den Weißen zurückerobern.

»Ich bin ein Redner, ich wurde als Redner geboren«, rühmte sich der Seneca-Häupt-ling Red Jacket oft und zeigte (nach den Worten seines Biographen) »eine beachtliche Begabung, wenn es darum ging, sein Volk zu verteidigen«. Er war ein großartiger Anwalt der Indianer und hörte nie auf, ihre Lebensweise zu rechtfertigen und zu versuchen, den Landverkauf an die Weißen zu verhindern. Man warf ihm Zeit seines Lebens Feigheit und Verrat vor, doch mit sehr geschickter Redeführung gelang es ihm stets, diese Vorwürfe zu entkräften. Im Frühling des Jahres 1792 wurde der Seneca-Häuptling von Präsident George Washington – als Zeichen der Achtung und Freundschaft – mit einer silbernen Medaille ausgezeichnet. Er trug die Medaille voller Stolz, und seither wurden ähnliche Medaillen an andere Indianer verliehen und als »Red-Jacket-Medaillen« bekannt.

Wir lernten euch zuerst als schwache Pflanze kennen, die ein wenig Erde verlangte, in der sie wachsen konnte. Wir gaben sie euch, und später, als wir euch hätten zertreten können, bewässerten wir euer Land und schützten euch. Jetzt seid ihr zu einem mächtigen Baum herangewachsen, dessen Wipfel bis zu den Wolken reicht und dessen Zweige sich über das ganze Land breiten, während wir, die wir einst die höchste Kiefer im Wald waren, eine schwache Pflanze geworden sind und euren Schutz benötigen.

Als ihr zuerst herkamt, habt ihr unsere Knie umklammert und uns *Vater* genannt; wir nahmen euch bei der Hand und nannten euch Brüder. Ihr seid größer geworden als wir, so daß wir nicht mehr zu eurer Hand hinaufreichen können, doch wollen wir uns an eure Knie klammern und eure Kinder genannt werden.

Navajofrau

1877 befahl die Regierung der Vereinigten Staaten allen Nez Percé, das Wallowa-Tal in Oregon zu verlassen und ins Lapwai-Reservat in Ohio zu ziehen. Dieser Befehl war ein glatter Bruch des Abkommens von 1873, das das Wallowa-Tal von einer Besiedelung durch die Weißen ausschloß. General Oliver Howard ließ Häuptling Joseph und seiner Schar Nez Percé nur dreißig Tage Zeit, um mit ihrer ganzen Habe ihre Heimat zu verlassen. Häuptling Joseph hielt die Einhaltung dieser Frist für unmöglich und bat um mehr Zeit. »Wenn ihr den Zeitpunkt nur um einen Tag überschreitet«, erwiderte Howard, »werden die Soldaten kommen und euch ins Reservat treiben, und all eure Rinder und Pferde, die dann noch außerhalb des Reservats sind, werden in die Hände der Weißen fallen.« Die Indianer beriefen eine Ratsversammlung ein und beschlossen, sofort wegzuziehen.

Die weißen Männer waren zahlreich, und wir konnten uns nicht gegen sie behaupten. Wir waren wie Hirsche. Sie waren wie Grizzly-Bären. Unser Land war klein. Ihr Land war groß. Wir waren zufrieden, die Dinge so zu lassen, wie der Große Geist sie gemacht hatte. Die Weißen waren nicht zufrieden und änderten sogar den Lauf der Flüsse, wenn er ihnen nicht gefiel.

Auf General Howards Befehl im Jahre 1877 räumten Häuptling Joseph und seine kleine Gruppe Nez Percé ihr altes Gebiet im Wallowa-Tal und begannen die Reise zum Lapwai-Reservat. Bevor sie jedoch ihren Bestimmungsort erreichten, kam es zu Zusammenstößen mit weißen Siedlern. Die Nez Percé zogen auf den Kriegspfad und die Weißen erlitten eine schwere Niederlage. General Nelson Miles, Anführer der amerikanischen Streitkräfte, verfolgte Häuptling Joseph. Er wurde auf seiner Flucht abgefangen und am 5. Oktober 1877 gezwungen, sich zu ergeben. Er und sein Clan wurden nach Fort Leavenworth in Kansas und dann ins Indianer-Territorium befördert.

Als Häuptling Joseph sich den Weißen ergeben mußte, hielt er eine Rede, die vielleicht berühmteste und am meisten bewunderte aller vergleichbaren Ansprachen. »Bei den Nez Percé war die Rhetorik eine hochentwickelte Kunst«, schreibt Herbert J. Spinden, »denn Macht und Ansehen der Häuptlinge hingen weitgehend von dieser Begabung ab. Bei den Ratsversammlungen war Einstimmigkeit oberstes Gebot, und sie wurde nur durch ruhige Erörterungen erreicht, wo es um Tatsachen ging, und mit leidenschaftlichen Beschwörungen, wenn die Entscheidung vom Gefühl abhing . . . Jede Äußerung mußte genau und sachlich sein.«

Sagen Sie General Howard, daß ich sein Herz kenne: Was er mir damals gesagt hat, habe ich in meinem Herzen. Ich bin des Kampfes müde. Unsere Häuptlinge sind erschlagen. Looking Glass ist tot. Es ist die Aufgabe der jungen Männer, sich für ja oder nein zu entscheiden. Der Anführer der jungen Männer ist tot. Es ist kalt, und wir haben keine Decken. Die kleinen Kinder erfrieren und sterben. Einige Kinder meines Volkes sind in die Berge gelaufen und haben keine Decken und keine Nahrung; niemand weiß, wo sie sind; vielleicht erfrieren sie. Ich möchte genug Zeit haben, um meine Kinder zu suchen und zu sehen, wieviele von ihnen ich finden kann. Vielleicht finde ich sie unter den Toten. Hört mich an, meine Häuptlinge! Ich bin müde; mein Herz ist krank und traurig. Von da an, wo jetzt die Sonne steht, will ich nie wieder kämpfen!«

Häuptling Josephs Bruder hieß Ollokot. Mit vielen anderen wurde er im September 1877 beim Kampf der Nez Percé getötet. Nachdem Häuptling Joseph die Schlacht verloren hatte und sich ergeben mußte, sprach Ollokots Witwe, Wetatonmi, am Abend, als sie das Land ihres Stammes verließ, folgende Worte:

Er war traurig, der Aufbruch. Der Mann tot, und die Freunde begraben oder in Gefangenschaft geraten. Mir war, als müßte ich alles verlassen, was ich hatte, aber ich weinte nicht. Ihr wißt wohl, was man fühlt, wenn man Verwandte und Freunde durch Krankheit und Tod verliert. Wir fürchten den Tod nicht. Bei uns jedoch war es schlimmer. Starke Männer, gesunde Frauen und kleine Kinder wurden getötet und begraben. Sie hatten nichts Unrechtes getan und wurden doch so getötet. Wir hatten nur verlangt, daß man uns in unserer Heimat ließ, zu den Heimstätten unserer Vorfahren. Wir gingen schweren Herzens und gebrochenen Geistes. Aber wir würden frei sein . . . Alles war verloren, und schweigend zogen wir weiter, in die Winternacht hinein.

Am 14. Januar 1879 sprach Häuptling Joseph vor einer großen Versammlung von Regierungsvertretern und Kongreßabgeordneten. Er wandte sich an Präsident Hayes mit der Bitte, dem Rest seines Stammes, dessen Mitglieder scharenweise starben, die Erlaubnis zu geben, in ihr altes Territorium im Nordwesten zurückzukehren. Endlich hatten seine Bitten Erfolg. 1883 durfte eine kleine Gruppe von Frauen und Kindern in ihre alte Heimat zurückkehren. Häuptling Joseph erhielt diese Vergünstigung nicht. Er starb am 21. September 1904.

Ich habe sehr vielen Freunden die Hand gedrückt, aber da ist noch einiges, was ich wissen möchte und was mir – wie es scheint – niemand erklären kann. Ich kann nicht verstehen, wieso die Regierung einen Mann ausschickt, um gegen uns zu kämpfen, wie General Miles es tat, und daß die Regierung dann, wenn wir mit diesem Mann verhandelt haben, sein Wort bricht. Bei so einer Regierung stimmt etwas nicht. Ich verstehe nicht, weshalb nichts für mein Volk getan wird. Ich habe Worte und immer wieder Worte gehört, doch nichts wird getan. Ehrlichen Worten müssen bald Taten folgen. Worte entschädigen nicht für meine Toten. Sie entschädigen nicht für mein Land, das jetzt von weißen Männern überflutet wird. Sie schützen das Grab meines Vaters nicht. Sie entschädigen mich nicht für meine Pferde und Rinder.

Gute Worte geben mir meine Kinder nicht wieder. Gute Worte erfüllen nicht das Versprechen eures Kriegshäuptlings General Miles. Gute Worte geben meinem Volk keine Gesundheit und hindern es nicht am Sterben. Gute Worte verschaffen meinem Volk keine Heimat, in der es in Frieden leben und seiner Wege gehen kann. Ich bin des ewigen Redens – das zu nichts führt – müde. Mein Herz ist enttäuscht, wenn ich mich all der guten Worte und all der gebrochenen Versprechen erinnere. Es haben zu viele Männer gesprochen, die kein Recht hatten zu sprechen. Zu viele Worte sind falsch ausgelegt worden und die Indianer haben die Weißen viel zu oft mißverstanden.

Wenn der Weiße Mann in Frieden mit den Indianern leben will, so kann er in Frieden leben. Es braucht keine Unzufriedenheit zu geben. Behandelt alle Menschen gleich! Gebt ihnen allen das gleiche Recht! Gebt ihnen allen die gleiche Chance, zu leben und zu wachsen . . . Ebensogut könnt ihr erwarten, daß die Flüsse rückwärts fließen, wie, daß ein Mann, der frei geboren ist, sich damit abfindet, eingepfercht zu sein und ohne die Freiheit zu leben, zu gehen, wohin es ihm paßt. Wenn man ein Pferd an einen Pfahl bindet, erwartet ihr dann, daß es dick wird? Wenn ihr einen Indianer auf ein kleines Stück Land sperrt und ihn zwingt, dort zu bleiben, wird er sich nicht zufriedengeben und auch nicht wachsen und gedeihen.

Ich habe einige von den Großen Weißen Häuptlingen gefragt, woher sie das Recht und die Macht nehmen, dem Indianer zu sagen, daß er auf einem Fleck zu bleiben hat, während er die Weißen nach Belieben umhergehen sieht. Man konnte mir keine Antwort geben.

Ich verlange von der Regierung nur, so behandelt zu werden, wie alle anderen Menschen behandelt werden. Wenn ich nicht in meine eigene Heimat gehen kann, gebt mir eine Heimat in einem Land, wo mein Volk nicht so schnell stirbt . . .

Ich weiß, daß meine Rasse sich ändern muß. So wie wir jetzt sind, können wir uns nicht gegen den Weißen Mann behaupten. Wir verlangen nur eine gerechte Chance, so zu leben, wie andere Menschen leben. Wir verlangen, als Menschen anerkannt zu werden. Wir verlangen, daß das gleiche Gesetz für alle Menschen gilt. Wenn ein Indianer das Gesetz übertritt, bestraft ihn nach dem Gesetz. Wenn ein Weißer das Gesetz übertritt, straft ihn nach dem gleichen Gesetz.

Laßt mich wieder ein freier Mann sein – frei zu reisen, frei zu verweilen, frei zu arbeiten, frei Handel zu treiben, wo ich möchte, frei mir meine Lehrer auszusuchen, frei die Religion meiner Väter auszuüben, frei zu denken und zu sprechen und für mich selbst zu handeln –, und ich werde jedes Gesetz einhalten oder mich der Strafe fügen, wenn ich es übertrete.

Chiparopai, eine alte Yuma-Indianerin, äußert sich zu den Veränderungen der indianischen Lebensweise, mit denen sie sich zu Beginn des zwanzigsten Jahrhunderts auseinandersetzen mußte.

Mit euch Weißen kommt Krankheit, und Hunderte von uns sterben. Wo ist unsere Kraft . . .? In den alten Zeiten waren wir stark. Wir jagten und fischten. Wir bauten ein wenig Mais und Melonen an und aßen die Bohnen vom Mesquit-Strauch. Jetzt hat sich alles verändert. Wir essen die Nahrung des Weißen Mannes, und sie macht uns schlapp; wir tragen die schwere Kleidung des Weißen Mannes, und sie verweichlicht uns. In den alten Zeiten gingen wir im Sommer und im Winter jeden Tag ans Flußufer hinunter und badeten. Das hat unsere Haut gekräftigt und fest und widerstandsfähig gemacht. Doch die weißen Siedler waren entsetzt, als sie nackte Indianer sahen; deshalb haben wir uns zurückgezogen. In den alten Zeiten trugen wir den Lendenschurz und Kittel aus Baumrinde und Riedgras. Den ganzen Winter haben wir im Wind gearbeitet, mit nackten Armen und nackten Beinen, und nie die Kälte gespürt. Aber wenn jetzt der Wind von den Bergen bläst, müssen wir husten. Ja, wir wissen: Wenn ihr kommt, *sterben wir*.

Winterlager eines Apsaroke-Indianers

Apache am Fluß

Oberst Cobb, ein führender Häuptling des Choctaw-Stammes, war gegen die Aussiedlung. Er hoffte, daß sein Stamm noch eine Weile in seiner Heimat östlich des Mississippi bleiben könnte. Er wendete sich an einen Agenten der Regierung, der gekommen war, um die Indianer zu vertreiben.

Bruder! Wir haben deinen Worten gelauscht, die unser Vater, der Große Weiße Häuptling in Washington, durch dich übermitteln läßt; und mein Volk hat mich aufgefordert, dir zu antworten.

Bruder! Als eure Freunde haben wir an eurer Seite gekämpft und haben unser Blut vergossen, um euch zu verteidigen; doch jetzt sind unsere Arme gebrochen. Ihr seid groß geworden. Mein Volk ist klein geworden, und es ist niemand da, der sich seiner erbarmt.

Bruder! Meine Stimme ist schwach geworden – du kannst mich kaum hören. Es ist nicht der Ruf eines Kriegers, sondern das Wimmern eines Kindes. Ich habe meine Stimme verloren, als ich über das Elend und die Kränkungen klagte, die meinem Volk zugefügt wurden. Das hier sind die Gräber, die du rings um uns her verstreut siehst, und im Wind, der durch die alten Kiefern streift, hören wir das Stöhnen ihrer verschiedenen Geister. Ihre Gebeine liegen hier, und wir sind geblieben, um sie zu beschützen. Unsere Krieger sind fast alle in den Westen gezogen, doch hier liegen unsere Toten. Willst du uns zwingen, auch zu gehen, und ihre Gebeine den Wölfen zu überlassen?

Bruder! Das Herz ist uns schwer. Vor zwölf Wintern wurde uns gesagt, unsere Häuptlinge hätten unser Land verkauft. Jeder Krieger, den du jetzt hier siehst, war gegen den Vertrag, und wenn man die Stimme unseres Volkes gehört hätte, wäre all dies nie geschehen; aber ach, obwohl sie ringsum standen, konnte man sie weder sehen noch hören. Ihre Tränen fielen wie Regentropfen – ihre Klagen trugen die vorbeiziehenden Winde fort – die Bleichgesichter kümmerten sich nicht darum, und unser Land wurde uns weggenommen.

Bruder! Du sprichst die Worte einer mächtigen Nation. Ich bin ein Schatten und reiche dir kaum bis ans Knie. Mein Volk ist vertrieben und in alle Winde zerstreut; wenn ich rufe, höre ich meine Stimme in der Tiefe des Waldes, aber keine antwortende Stimme kehrt zu mir zurück – alles ist stumm um mich her! Deshalb darf ich nicht viele Worte machen. Ich kann jetzt nichts mehr sagen.

Dieser Navajo webt Decken im Fluß

Keokuk, ein Führer der Sauk, wurde 1780 an den Ufern des Rock River in Illinois geboren und starb 1848. Nach dem Landverkauf von Black Hawk im Jahre 1832 wurden die Indianer gezwungen, ihr Land zu verlassen. Aus Keokuks Abschiedsrede spricht eine fast unglaubliche Großzügigkeit.

Bruder! Mein Volk und ich sind hergekommen, um dir die Hand zu reichen. Für uns ist die Zeit gekommen, von hier wegzuziehen. Wir sind nicht glücklich, dieses Land zu verlassen, in dem wir so lange gewohnt haben.

Wir werden uns noch lange der vielen Monde und der sonnigen Tage erinnern, die wir hier erlebt haben. Der Große Geist hat auf uns herabgelächelt und uns froh gemacht. Doch wir haben eingewilligt, wegzugehen.

Wir gehen in ein Land, von dem wir wenig wissen. Unsere neue Heimat soll jenseits eines großen Stromes in der Richtung der untergehenden Sonne liegen. Wir wollen unsere Wigwams dort in dem anderen Land aufstellen und hoffen, daß der Große Geist auf uns herablächelt, wie er es hier getan hat.

Die Menschen, die wir hier als Besitzer dieses Landes zurücklassen, können nicht behaupten, daß Keokuk und sein Volk jemals den Tomahawk gegen sie erhoben haben. Wir sind immer für Frieden mit euch gewesen, und ihr wart freundlich zu uns. Möge der Große Geist auf euch in diesem Land herablächeln – und auf uns in dem neuen Land, in das wir jetzt ziehen. Wir werden an euch denken, und ihr müßt an uns denken. Wenn ihr uns besucht, werden wir unser Wildbret mit euch teilen und euch freudig willkommen heißen.

In einer Ansprache an General George Washington im Jahre 1791 in Philadelphia, dem damaligen Regierungssitz, bittet der Seneca-Häuptling Cornplant den Präsidenten, seinem Volk das Land zurückzugeben, das ihnen ein paar Jahre zuvor durch den Vertrag von Fort Stanwix weggenommen wurde.

Vater! Die Stimme des Seneca-Volkes spricht zu dir, dem Großen Berater, in dessen Herz die weisen Männer aller dreizehn Feuer (Staaten) ihre Weisheit niedergelegt haben. Was wir sagen möchten, mag deinen Ohren gering erscheinen, deshalb flehen wir dich an, voller Aufmerksamkeit zuzuhören, denn wir werden über Dinge von großer Wichtigkeit sprechen.

Als deine Soldaten in dieses Land der Sechs Nationen einzogen, nannten wir dich den *Städtezerstörer,* und noch bis auf den heutigen Tag, wenn dieser schreckliche Beiname fällt, blicken unsere Frauen hinter sich und werden bleich, und unsere Kinder klammern sich an die Brust ihrer Mütter. Unsere Berater und Krieger sind Männer und daher ohne Furcht, doch im Herzen sind sie bekümmert über die Verzweiflung ihrer Frauen und Kinder.

Nach dieser Vorrede zählte Cornplant im einzelnen die Tricks und Betrügereien auf, mit denen man die Indianer gezwungen hatte, ihr Land aufzugeben. Er verwies auf die Rolle, die er bei Abschließung des Vertrages zu spielen gedrängt wurde, und beschrieb, wie sein Volk deshalb von ihm dachte.

Vater, als das große Land abgetreten wurde, waren nur wenige Häuptlinge anwesend, und sie wurden gezwungen, es aufzugeben. Es sind nicht nur die Sechs Nationen, die den Häuptlingen Vorwürfe machen, weil sie das Land abgetreten haben. Auch die Chippewas und alle anderen Nationen, die auf diesem Land im Westen wohnten, wenden sich an uns und fragen: »Brüder unserer Väter, wo ist das Land, das ihr uns zugedacht habt, auf dem wir uns niederlegen können?«

Vater! Du hast uns gezwungen, etwas zu tun, dessen wir uns schämen müssen. Wir wissen nicht, was wir den Kindern der Brüder unserer Väter antworten sollen. Als sie uns im vergangenen Frühling aufforderten, in den Krieg zu ziehen, um sich ein Bett zum Niederlegen zu sichern, da baten die Senecas sie, ruhig zu sein, bis wir mit dir gesprochen hätten . . .

Vater! Wir wollen nicht vor dir verschweigen, daß der Große Gott – und nicht ein Mensch – Cornplant aus den Händen seines eigenen Volkes errettet hat; denn sie fragen unaufhörlich: »Wo ist das Land, auf dem unsere Kinder und deren Kinder sich niederlegen können?« Sie sagen: »Du hast uns erzählt, daß die von Pennsylvania bis zum Lake Ontario gezogene Linie für alle Zeiten das Land gegen die Weißen aus dem

Osten abgrenzen würde, und daß die Grenzlinie, die vom Beaver Creek nach Pennsylvania verläuft, es für den Westen absteckt – und nun sehen wir, daß es nicht so ist. Denn erst kommt einer, und dann kommt ein anderer und nimmt es weg, und zwar auf Befehl jener Leute, die versprochen haben, es für uns zu sichern, wie *du* uns erzählt hast. « Cornplant schweigt, denn er weiß keine Antwort. Wenn die Sonne untergeht, öffnet er sein Herz vor seinem Gott, und noch bevor die Sonne auf den Hügeln erscheint, dankt er Gott, der ihn während der Nacht beschützt hat; denn er weiß, daß zwischen Menschen, die das ihnen widerfahrene Unrecht rasend gemacht hat, niemand als Gott allein ihn beschützen kann. Cornplant liebt den Frieden, und alles, was er an Vorräten hatte, gab er denen, die von deinen Leuten beraubt wurden, damit sie nicht, um sich schadlos zu halten, bei den Unschuldigen plünderten. Den ganzen Sommer über, während die anderen damit beschäftigt waren, Vorsorge für ihre Familien zu treffen, hat er mit Bemühungen zugebracht, den Frieden zu wahren, und jetzt liegen seine Frau und seine Kinder darnieder, weil es ihnen an Essen fehlt. Sein Herz leidet um sie, aber er begreift, daß der Große Geist seine Entschlossenheit prüft, das zu tun, was recht ist.

Vater! Du hast gesagt, daß wir in deiner Hand sind, und daß, wenn du sie schließt, du uns zu nichts zermalmen könntest. Bist du entschlossen, uns zu zermalmen? . . .

Vater! Unschuldige Menschen unseres Volkes wurden getötet, einer um den anderen, und von den besten Familien – doch keiner von deinen Leuten, die diese Morde begangen haben, wurde bestraft. Wir fragen jetzt: War es Absicht, daß deine Leute die Senecas umbringen und nicht nur ungestraft davongehen, sondern von dir vor der Rache meiner Angehörigen geschützt werden sollten?

Vater! Das sind für uns sehr wichtige Fragen. Wir wissen, daß du sehr stark bist – wir haben gehört, daß du weise bist –, und jetzt erwarten wir deine Antwort auf das zu erhalten, was wir gesagt haben, damit wir wissen, ob du gerecht bist.

Es gibt zahlreiche Schilderungen der verhängnisvollen Ermordung des Häuptlings Crazy Horse in Camp Robinson. Der Mord geschah im Jahre 1877 – wenige Monate, nachdem Crazy Horse in das Leben im Reservat eingewilligt hatte. Häuptling Luther Standing Bear meint, daß er die Folgen seiner nachgiebigen Haltung voraussah: »Sie bedeutete Unterwerfung unter ein Volk, das er nicht für seinesgleichen hielt; es bedeutete den Untergang seiner Rasse. Crazy Horse fürchtete keinen Menschen, und als er sich ergab, geschah es nicht aus eigenem Antrieb, sondern weil sein Volk kriegsmüde geworden war.«

Major H. R. Lemly, der in Camp Robinson stationiert war, schildert hier Crazy Horse' Tod und gibt die Worte wieder, mit denen der Häuptling im Sterben seine Person verteidigt.

Ich war dem Weißen Mann nicht feindselig gesinnt. Wir hatten das Fleisch der Büffel für unsere Ernährung und ihre Häute für unsere Kleidung. Einem Leben in Trägheit, Gezänk und Neid und den häufigen Hungersnöten in den Reservaten zogen wir die Jagd vor.

Doch Gray Fox (General Crook) drang in Schnee und bittererer Kälte vor und zerstörte mein Dorf. Wir wären alle vor Kälte und vor Hunger umgekommen, hätten wir nicht unsere Ponys wieder eingefangen.

Dann griff uns Long Hair (Custer) auf die gleiche Weise an. Jetzt hieß es, wir hätten ihn hingemetzelt, aber er hätte uns hingemetzelt, wenn wir uns nicht verteidigt und um unser Leben gekämpft hätten. Unser erster Gedanke war, zu fliehen und unsere Squaws und die kleinen Kinder mitzunehmen, doch wir waren so umzingelt, daß wir kämpfen mußten . . .

Dann sandte Gray Fox abermals Soldaten aus, die mich und die Menschen meines Dorfes einschließen sollten, aber ich war des Kämpfens müde. Ich wollte nichts weiter, als daß man mich in Ruhe ließ; deshalb kam ich ihnen zuvor und marschierte die ganze Nacht hindurch zum Handelsposten Spotted Tail, während die Truppen sich meinem Camp näherten. Touch-the-Clouds weiß, daß ich mich im Handelsposten Spotted Tail friedfertig niederließ. Der Agent sagte mir, ich müsse zuerst mit dem Großen Weißen Häuptling der Black Hills sprechen. Unter seinem Schutz kam ich unbewaffnet hierher, doch statt mit mir zu sprechen, versuchten sie mich einzusperren, und als ich zu fliehen versuchte, durchbohrte mich ein Soldat mit seinem Bajonett. Ich habe gesprochen.

»Dann«, schreibt Major Lemly, »stimmte er mit schwacher und zitternder Stimme den unheimlichen und mittlerweile berühmten Todesgesang der Sioux an, bis er hintenübersank und starb.«

Alter Koskimo-Indianer entzündet ein Feuer

Häuptling Plenty-Coups richtet 1909 auf dem Versammlungsplatz am Little Bighorn folgende Abschiedsworte an sein Volk:

Der Boden, auf dem wir stehen, ist geheiligter Boden. Er ist Staub und Blut unserer Ahnen. Der Große Weiße Vater in Washington schickte seine mit langen Messern und Gewehren bewaffneten Soldaten auf diese Prärie, um die Indianer zu erschlagen. Viele von ihnen schlafen drüben auf dem Hügel, wo Pahaska, der weiße Häuptling Langhaar (Custer), so tapfer kämpfte und fiel. Wenn die Sonne noch einige Male hier vorübergezogen ist, wird sie uns nicht mehr hier sehen, und unser Staub und unsere Knochen werden sich mit der Prärie hier vermischen. Wie in einer Vision sehe ich die verlöschende Glut unserer Ratsfeuer, und wie ihre Asche kalt und weiß wird. Nicht länger sehe ich den sich kräuselnden Rauch, der vor unseren Zeltstangen aufsteigt. Nicht länger höre ich die Lieder der Frauen, wenn sie unser Essen bereiten. Die Antilope ist verschwunden; die Büffel-Suhlen sind verwaist. Nur das Heulen des Präriewolfs ist zu hören. Der Zauber des Weißen Mannes ist stärker als der unsere; sein eisernes Pferd rast über die Büffelfährte. Er spricht durch seinen flüsternden Geist (das Telefon) zu uns. Wir sind wie Vögel mit einem gebrochenen Flügel. Das Herz in meiner Brust ist kalt. Meine Augen werden trübe . . . Ich bin alt . . .

Als die Choctaws am 27. September 1830 den Vertrag vom Dancing Rabbit Creek unterzeichneten, gaben sie den letzten Morgen ihres Landes im Staat Mississippi her. Der neue Vertrag befahl ihnen, in ein Gebiet westlich des Arkansas zu ziehen. Der sechzehnte Artikel des Vertrags sah vor, daß die Vereinigten Staaten auf eigene Kosten die etwa 20 000 Angehörigen des Stammes »mit Wagen oder Dampfschiffen – je nachdem, wie es sich als notwendig erwies –«, umsiedeln sollte. Als sie an Bord eines Dampfers Mississippi verließen, drückte George W. Harkins, ein Unterhäuptling der Choctaw-Nation, die Gefühle seines Volkes in einer Botschaft aus, die im Winter 1832 in den Zeitungen erschien.

An das amerikanische Volk:

Es kostet mich große Überwindung, mich an das amerikanische Volk zu wenden, da ich meine Unzulänglichkeiten kenne und deutlich spüre, und da ich glaube, daß Euch mit Eurem hochentwickelten Geist die Ansprache eines Choctaw nicht sonderlich interessieren wird. Doch da ich mich entschlossen habe, in diesem Herbst über den Mississippi nach Westen auszuwandern, hielt ich es nur für höflich, Euch Lebewohl zu sagen und dabei ein paar Bemerkungen über meine Gedanken und Gefühle zu machen, die mich bei meinem Weggang bewegen . . .

Wir wurden von zwei Übeln bedrängt, und wir wählten dasjenige, das wir für das kleinere hielten. Dennoch konnten wir nicht einsehen, mit welchem Recht sich der Staat Mississippi anmaßte, für uns Gesetze zu erlassen. Auch wenn die gesetzgebenden Organe des Staates berechtigt waren, Gesetze für ihre eigenen Bürger zu erlassen, waren sie deshalb noch nicht berechtigt, Gesetzgeber für ein Volk zu werden, dessen Sitten und Gebräuche so verschieden waren, wie die der Choctaws von denen der weißen Bewohner des Staates Mississippi.

Selbst wenn man zugibt, daß diese Gesetze Verständnis für mein Volk zeigten, konnten sie etwa den Berg von Vorurteilen abtragen, der seit je den Fluß der Gerechtigkeit gehemmt und sie gehindert hat, ihren heilsamen Einfluß für meine treuen Landsleute geltend zu machen? Wir Choctaws zogen es vor, zu leiden und frei zu sein, statt uns demütig Gesetzen zu beugen, bei deren Erlaß unsere Stimme nicht gehört wurde. So ungerecht uns der Staat Mississippi auch behandelt hat, kann ich doch in meinem Herzen kein anderes Gefühl finden, als den aufrichtigen Wunsch für sein Wohlergehen und Glück.

Ich hoffe zuversichtlich, daß die jüngere, nachfolgende Generation nicht die Folgen der Unterdrückung spüren möge, die man uns so engstirnig zugemutet hat, und daß Frieden und Glück ihre Belohnung sein mögen. Im Widerstreit zwischen

Kummer und den Ehrungen bei unserer heutigen Trennung soll die Hoffnung siegen, daß wir binnen kurzem die uns zugedachte Heimat erreichen werden und daß nichts, es sei denn der gemeinste Verrat, sie uns je wieder entreißen kann, und – daß wir in Freiheit leben mögen.

Eure Ahnen erkämpften ihre Freiheit auf dem Felde der Gefahr und des Ruhms; unsere Ahnen besaßen die Freiheit als Geburtsrecht, und jetzt mußten wir sie von Euch wieder erwerben, wie sich die niedrigsten Sklaven ihre Freiheit erkaufen. Aber vage und unbeständig sind eben Versprechungen. Der Mann, der einst sagte, er würde einen Grenzpfahl setzen und eine Linie um uns herumziehen, die nie überschritten werden sollte, war der erste, der zugeben mußte, daß er die Linie nicht schützen könne, und der erste, der den Grenzpfahl herauszog und die Linie auslöschte. Ich will nicht meine Befürchtung vor Euch verbergen, daß uns die neuen Gebiete wieder weggenommen werden könnten. Ich habe schlimme Ahnungen – wer von uns, der Zeuge dessen war, was bereits geschah, kann sagen, welches die nächste Gewalttat sein mag?

Ich bitte Euch im Namen der Gerechtigkeit um Ruhe für mich und mein gekränktes Volk! Laßt uns in Frieden – wir wollen Euch nicht schaden – wir wollen Ruhe! Wir hoffen im Namen der Gerechtigkeit, daß niemals ein weiterer Rechtsbruch an uns begangen wird . . .

Freunde, meine Anhänglichkeit an mein Heimatland ist stark – dieses Band ist jetzt zerrissen, und wir müssen als Wanderer ausziehen in ein fremdes Land! Ich muß gehen – laßt Euch anflehen, uns freundliche Gefühle entgegenzubringen, und wenn die Hand der Unterdrückung sich gegen uns erhebt, so laßt mich hoffen, daß sich dann überall in den Vereinigten Staaten ein Ruf der Empörung erhebt, der die Täler füllt und von den Bergen widerhallt und Einhalt gebietet . . .

Hochachtungsvoll,
George W. Harkins.

Ma-ke-tai-me-she-kia-kiak oder Black Hawk war der Häuptling der Sauk und Fox-Indianer und im Black-Hawk-Krieg des Jahres 1832 ihr Anführer. Nach dem Krieg von 1812 begannen die weißen Siedler in das Illinois-Gebiet zu strömen, in das alte Territorium der Sauk und Fox. Die Mehrheit der Indianer unter Keokuk zog über den Mississippi, doch Black Hawk weigerte sich, wegzuziehen, und erklärte 1832 als Häuptling der verbliebenen Sauk und Fox den neuen Siedlern den Krieg. Er wurde im gleichen Jahr gefangengenommen, in den Osten verschleppt und ins Gefängnis gesteckt. Die folgende Ansprache soll er gehalten haben, als er sich in Prairie du Chien in Wisconsin am 27. August 1832 ergab:

Ihr habt mich mit all meinen Kriegern gefangengenommen. Ich bin sehr bekümmert, denn ich hatte gehofft, falls ich euch nicht besiegen könnte, euch doch viel länger zu widerstehen und mehr Unheil über euch zu bringen, bevor ich mich ergab. Ich habe mich sehr angestrengt, euch in einen Hinterhalt zu locken, aber euer jetziger General kennt die Kampfweise der Indianer. Der frühere General war nicht so weise. Als ich sah, daß ich euch nicht mit indianischen Kampfmethoden besiegen konnte, beschloß ich, mich auf euch zu stürzen und Mann gegen Mann zu kämpfen. Ich habe hart gekämpft. Doch eure Gewehre zielen gut. Die Kugeln flogen wie Vögel durch die Luft und pfiffen uns um die Ohren wie der Wind im Winter durch die Bäume pfeift. Meine Krieger fielen rings um mich her; unsere Lage verschlechterte sich rasch. Ich erkannte, daß mein schwarzer Tag gekommen war. Am Morgen ging die Sonne am trüben Himmel verschleiert auf, und am Abend sank sie in eine dunkle Wolke und sah wie ein Feuerball aus. Das war die letzte Sonne, die Black Hawk beschienen hat. Sein Herz ist tot; es schlägt nicht mehr munter in seiner Brust. Er ist jetzt ein Gefangener der weißen Männer; sie werden mit ihm tun, was sie wollen. Doch er kann Folterungen ertragen, und er fürchtet sich nicht vor dem Tod. Black Hawk ist kein Feigling. Er ist ein Indianer.
Er hat nichts getan, dessen sich ein Indianer schämen müßte. Er hat für seine Landsleute, die Squaws und die kleinen Kinder gekämpft – gegen die weißen Männer, die Jahr um Jahr kamen und die Indianer betrogen und ihnen ihr Land wegnahmen. Ihr kennt den Grund, weshalb wir Krieg führten. Er ist allen weißen Männern bekannt. Sie sollten sich dessen schämen. Indianer sind keine Betrüger. Die weißen Männer reden schlecht über den Indianer und blicken haßerfüllt auf ihn. Aber der Indianer lügt nicht; Indianer stehlen nicht.
Ein Indianer, der so schlecht wäre wie die weißen Männer, könnte nicht in unserem Volk leben: man würde ihn töten und den Wölfen zum Fraß vorwerfen. Die weißen Männer sind schlechte Lehrer; ihre Bücher sind so unehrlich wie ihre Taten; sie

lächeln dem armen Indianer ins Gesicht, um ihn zu betrügen; sie drücken ihm die Hand, um sein Vertrauen zu gewinnen; sie machen ihn betrunken, um ihn zu hintergehen, und sie stürzen seine Frauen ins Unglück. Wir haben den Weißen gesagt, sie sollten uns in Ruhe lassen und uns fernbleiben; aber sie folgten uns und stellten sich uns in den Weg und wanden sich zwischen uns wie die Schlangen. Sie vergifteten uns durch ihre Berührung. Wir waren nicht mehr sicher. Wir lebten in Gefahr. Wir wurden wie sie, wurden Heuchler und Lügner, ehebrecherische, faule Schmarotzer – nur Schwätzer, die nicht handelten.

Wir blickten zum Großen Geist auf. Wir gingen zu unserem Großen Vater. Wir wurden ermutigt. Er gab uns weisen Rat, schöne Worte und große Versprechen, aber es waren nur Worte, sie befriedigten uns nicht. Alles wurde schlimmer. Es gab kein Wild mehr im Wald. Opossum und Biber waren geflohen; die Quellen versiegten, und unsere Frauen und die kleinen Kinder waren ohne Nahrung, die sie vor dem Verhungern bewahrt hätte. Wir beriefen eine große Versammlung ein und entfachten ein großes Feuer. Der Geist unserer Väter erhob sich und sprach zu uns, wir sollten die Kränkungen rächen oder sterben. Wir alle sprachen am Versammlungsfeuer. Es war warm und angenehm. Wir stimmten das Kriegsgeschrei an und gruben den Tomahawk aus. Unsere Messer waren bereit, und Black Hawk schwoll das Herz in der Brust, als er seine Krieger in den Kampf führte. Er ist zufrieden. Er wird zufrieden in die Welt der Geister gehen. Er hat seine Pflicht getan. Sein Vater wird ihm dort entgegenkommen und ihn loben.

Black Hawk ist ein echter Indianer: Er verachtet es, wie eine Frau zu weinen. Er liebt seine Frau, seine Kinder und seine Freunde. Er denkt nicht an sich selbst. Er sorgt sich um seine Nation und um das indianische Volk. Sie werden leiden müssen. Er beklagt ihr Schicksal. Die weißen Männer skalpieren nicht den Kopf; sie tun Schlimmeres: Sie vergiften das Herz. Ihr eigenes Herz ist nicht rein. Black Hawks Landsleute werden nicht skalpiert, aber in ein paar Jahren werden sie so geworden sein, wie die weißen Männer sind, so daß man ihnen nicht mehr trauen kann, und wie in den weißen Siedlungen wird es für beinahe jeden Mann einen Beamten geben, der ihn bewacht, um die Ordnung aufrecht zu erhalten.

Leb wohl, mein Volk! Black Hawk hat versucht, euch zu retten und eure Demütigung zu rächen. Er trank das Blut von mehreren Weißen. Er wurde gefangengenommen. Seine Pläne sind gescheitert. Er kann nichts mehr tun. Er ist seinem Ende nahe. Seine Sonne geht unter und wird nie mehr aufgehen. Black Hawk nimmt Abschied, sagt ihm Lebewohl!

Kutenai-Indianer auf Entenjagd

Im Jahr 1833 diktierte Black Hawk Antoine le Clair seine Lebensgeschichte. Darin wird auch seine Zuneigung zu Brigadegeneral H. Atkinson deutlich, dem »Weißen Biber« – »dem großen Kriegshäuptling, der das amerikanische Heer gegen meine kleine Schar befehligte« . . . und Black Hawk schließlich zwang zu kapitulieren.

Sir, die Wechselfälle des Schicksals und das Auf und Ab des Kriegsglücks haben Sie zu meinem Überwinder gemacht. Als meine letzten Hilfsquellen erschöpft und meine Krieger von langen und beschwerlichen Märschen zermürbt waren, wurde ich Ihr Gefangener.

Auf den folgenden Seiten habe ich die Geschichte meines Lebens erzählt; sie ist eng mit einem Teil Ihrer eigenen Lebensgeschichte verknüpft und in gewissem Sinne mit ihr verschmolzen: deshalb habe ich sie Ihnen gewidmet.

Viele Sommer sind vorübergezogen und haben mich alt werden lassen, und ich kann nicht erwarten, noch viele Mondwechsel zu erleben. Bevor ich mich auf die Reise ins Land meiner Väter begebe, habe ich mich entschlossen, die Ziele und Beweggründe meiner einstigen Feindschaft gegen die Weißen aufzuzeigen und meine Person gegen Verleumdungen und Mißverständnisse zu verteidigen. Die Freundlichkeit, die Sie mir erwiesen, während ich Kriegsgefangener war, verbürgt mir, daß Sie die in meinem Bericht enthaltenen Tatsachen, soweit Sie von ihnen wissen, bestätigen werden.

Ich bin jetzt ein unbedeutendes Mitglied meines Stammes, der mich einst ehrte und meine Meinung achtete. Der Pfad zum Ruhm ist uneben, und viele düstere Stunden verdunkeln ihn. Möge der Große Geist Licht auf den Ihrigen werfen. Mögen Sie nie die Demütigung erleben, zu der mich die Macht der amerikanischen Regierung erniedrigt hat. Dies ist der Wunsch eines Mannes, der einst in seinen heimatlichen Wäldern ebenso stolz und kühn lebte wie Sie.

Im 10. Mond 1833. Black Hawk

Sitting Bull hatte sich 1881 in Fort Buford in Kanada »unter Zusicherung der Amnestie« ergeben und wurde später zur *Standing Rock-Agentur* geschickt, wo die meisten seiner Stammesgenossen lebten. Als die Delegation der Vereinigten Staaten eintraf und ihn aufforderte, in die Staaten zurückzukehren, leitete er seine Entgegnung damit ein, daß er seinem achtjährigen Sohn ein Gewehr aushändigte und ihn anwies, es Major Brotherton von der berittenen Nordwest-Polizei zu überreichen.

Ich übergebe Ihnen dieses Gewehr durch meinen Sohn. Ich wünsche, man möge sich daran erinnern, daß ich der letzte Mann meines Stammes war, der sein Gewehr aushändigte, und daß ich es heute Ihnen übergab. Was immer *Sie* zu geben oder zu sagen haben, würde ich gern jetzt und hier erfahren, denn ich wünsche nicht länger im Dunkeln gehalten zu werden. Ich habe von Zeit zu Zeit Boten hierhergeschickt, doch keiner kehrte mit Nachrichten zurück. Die anderen Häuptlinge, Crow King und Gall, wollten nicht, daß ich komme, und ich habe niemals gute Neuigkeiten von ihnen erfahren. Ich wünsche, daß man mir jetzt erlaubt, diesseits und jenseits der kanadischen Grenze zu leben, wie es mir paßt. Ich möchte mein altes Jägerleben fortsetzen und die Erlaubnis erhalten, auf beiden Seiten der Grenze Handel zu treiben. Dieses Land (Kanada) ist jetzt meine Heimat, und ich hoffe, daß man mich nicht zwingt, sie aufzugeben. Mein Herz war sehr traurig, als ich das Land der Großen Mutter verlassen mußte. Mir ist sie eine Freundin gewesen, und ich möchte, daß meine Kinder in unserem Heimatland aufwachsen . . . Ich wünsche, daß all meine Stammesgenossen in einem Reservat am Little Missouri beieinanderleben, das ihnen ganz allein gehört. Ich habe mehrere Familien in Wood Mountain und auch zwischen dort und Qu'Appelle zurückgelassen. Ich habe viele Verwandte bei den Yanktons am Poplar Creek, und ich möchte, daß sie alle in einem Reservat zusammengezogen werden, auch jene, die nach Standing Rock ausgewichen sind.

Viele der nördlichen Cheyenne-Indianer, die im Cheyenne-Arapahoe-Reservat bei Fort Reno zusammengepfercht waren, wurden im August 1877 Opfer von Krankheit und Tod. Nachdem sie ein Jahr unter den erbarmungswürdigen Zuständen im Reservat gelitten hatten, gingen zwei Häuptlinge, Dull Knife und Little Wolf, zum Indianer-Agenten John D. Miles und flehten ihn an, den Indianern die Rückkehr in ihre Heimat im Black Hills Country zu gestatten. Dull Knife war schon zu schwach, zu sprechen, und Little Wolf mußte für beide reden.

Wir sind gekommen, um den Agenten zu bitten, daß wir in unser eigenes Land in den Bergen heimkehren dürfen. Mein Volk wuchs dort auf, in einem Land voller Kiefern und klarer kalter Flüsse. Dort waren wir immer gesund, denn dort war genug Fleisch für uns alle. Dort waren wir glücklich – bis die Soldaten des Großen Vaters uns hierherbrachten. In dem einen Jahr, das wir jetzt in diesem südlichen Land leben mußten, sind viele von uns gestorben. Für uns ist es kein gutes Land – wir vertragen die Hitze und den Staub nicht und haben zuwenig zu essen. Wir möchten in unsere Heimat in den Bergen zurückkehren. Wenn Ihr nicht die Macht habt, uns die Erlaubnis zu geben, dorthin zurückzukehren, dann laßt einige von uns nach Washington reisen und den Männern dort sagen, wie es um uns steht; oder wollt Ihr nach Washington schreiben und dort die Erlaubnis einholen, daß wir wieder in den Norden zurückkehren können? . . . Wir können nicht noch ein weiteres Jahr bleiben; wir möchten jetzt gehen. Bis ein weiteres Jahr verstrichen ist, sind wir wahrscheinlich alle gestorben, und keiner von uns wird übrig sein, der noch in den Norden ziehen könnte.

Hupa-Indianer sticht Forellen

Am 16. Oktober 1867 begann in Medicine Lodge/Kansas eine der bemerkenswertesten Indianerversammlungen in der Geschichte des Landes. Bei der Medicine-Lodge-Friedensversammlung fanden sich weit mehr als 4000 Indianer ein: Arapahoes, Cheyennes, Kiowas, Comanches und Prärie-Apachen. Ein neuer Friedensplan der Regierung versuchte, alle fünf Stämme in einem einzigen großen Reservat südlich des Arkansas River anzusiedeln. Parra-Wa-Samen oder Ten Bears, der eher ein Dichter als ein Kriegshäuptling der Comanches war und der, zusammen mit den anderen, den Vertrag unterzeichnete, hielt eine denkwürdige Rede. Er starb fünf Jahre später.

Wenn ich Euch hier sehe, ist mein Herz so voller Freude wie die Bäche voller Wasser sind, wenn im Frühling der Schnee schmilzt. Ich freue mich wie die Ponys, wenn zu Beginn des Jahres das junge Gras zu sprießen beginnt.

Meine Stammesgenossen haben nie als erste den Bogen gegen die Weißen gespannt oder ein Gewehr abgefeuert. An der Grenze zwischen uns gab es Unruhe, und meine jungen Männer haben den Kriegstanz getanzt. Aber wir haben nicht begonnen. Ihr wart es, die den ersten Soldaten geschickt habt, und wir schickten den zweiten. Vor zwei Jahren zog ich auf dieser Straße, verfolgte den Büffel, damit meine Frauen und Kinder runde Wangen und einen warmen Körper bekämen. Doch die Soldaten schossen auf uns, und seit jener Zeit war ein Getöse wie bei einem Gewitter, und wir wußten nicht, wohin wir uns wenden sollten . . .

Auch wurden wir nicht nur einmal zum Weinen gebracht. Die blauröckigen Soldaten und die Utes tauchten aus der Nacht auf, als es dunkel und still war, und unsere Wigwams dienten ihnen als Brennstoff für ihre Lagerfeuer. Statt das Wild zu jagen, töteten sie meine tapfersten Männer, und die Krieger des Stammes schnitten sich aus Trauer um die Toten das Haar ab. So war es in Texas. Sie waren schuld, daß der Kummer in unsere Camps kam, und wir zogen aus wie die Bison-Bullen, wenn ihre Kühe angegriffen werden. Als wir sie fanden, töteten wir sie, und ihre Skalps hängen in unseren Wigwams.

Die Comanches sind nicht schwach und blind wie junge Hündchen, die erst sieben Mal geschlafen haben. Sie sind stark und scharfsinnig wie ausgewachsene Pferde. Wir folgten dem Weg der Weißen und gingen darauf weiter. Die weißen Frauen weinten, und unsere Frauen lachten.

Es gibt einige Dinge, die ihr zu mir gesagt habt, die mir nicht gefallen. Sie waren nicht süß wie Zucker, sondern bitter wie Kürbis. Ihr habt gesagt, ihr wolltet uns in ein Reservat bringen und uns Häuser bauen und Herbergen für die Kranken. Ich will sie nicht! Ich wurde auf der Prärie geboren, wo der Wind ungehindert weht und wo nichts das Licht der Sonne bricht. Ich wurde in einem Land geboren, wo es keine

Zäune gab und wo alles Leben frei Atem schöpfen konnte. Dort will ich sterben – und nicht innerhalb von Mauern. Ich kenne jeden Bach und jeden Wald zwischen dem Rio Grande und dem Arkansas; überall in jenem Land habe ich gejagt und gewohnt. Ich habe gelebt wie meine Väter vor mir, und gleich ihnen habe ich glücklich gelebt.

Als ich in Washington war, hat mir der Große Vater gesagt, daß das ganze Comanche-Land uns gehöre und daß niemand uns hindern dürfe, dort zu wohnen. Weshalb verlangt ihr jetzt von uns, daß wir die Flüsse und die Sonne und den Wind verlassen und in Häusern wohnen? Verlangt nicht von uns, den Büffel gegen das Schaf zu tauschen! Die jungen Männer haben dergleichen Reden gehört, und es hat sie betrübt und zornig gemacht . . .

Wenn die Texaner nicht in mein Land eingefallen wären, hätten wir Frieden haben können. Aber der Ort, wo wir nach deinen Worten jetzt leben müssen, ist zu klein. Die Texaner haben uns das Land genommen, wo das Gras am üppigsten wuchs und das Holz am besten war. Hätten wir das behalten, dann hätten wir tun können, was ihr verlangt. Aber es ist zu spät. Der Weiße Mann hat das Land, das wir liebten, und wir wünschen nur, über die Prärie zu ziehen, bis wir sterben.

1905 erzählte Goathlay oder Geronimo dem Sohn eines feindlichen Apachen-Häupt-
lings, Asa Daklugie, seine Lebensgeschichte. Asa Daklugie und Geronimo hatten in
den letzten Feldzügen gegeneinander gekämpft. Daklugie übersetzte die Geschichte
für S. M. Barrett, der im nahen Lawton/Oklahoma Erziehungsdirektor war. Im August
1877 hatten sich Geronimo und seine Indianer endgültig ergeben; die ganze Gruppe
(etwa 340) wurde in Kriegsgefangenschaft abgeführt und schließlich in einem Reservat
in Fort Sill/Oklahoma angesiedelt. Von hier richtete Geronimo sein Gesuch an den
Präsidenten, vor seinem Tod in seine Heimat zurückkehren zu dürfen.

Zwischen den Apachen und der Regierung besteht ein großes Problem. Seit
zwanzig Jahren werden wir als Kriegsgefangene festgehalten, entsprechend
einem Vertrag, der zwischen General Miles als Vertreter der Vereinigten Staaten
und mir als dem Vertreter der Apachen geschlossen wurde. Die Regierung hat den
Vertrag nicht immer genau befolgt; allerdings erfüllt sie ihn gegenwärtig besser als
bisher. Im Vertrag mit General Miles willigten wir ein, in ein Gebiet außerhalb
Arizonas zu ziehen und dort nach Art der Weißen leben zu lernen. Ich glaube, daß
meine Stammesgenossen jetzt nach den Gesetzen der Vereinigten Staaten leben
können, und wir wären natürlich froh, wenn wir nun die Freiheit hätten, in das Land
zurückzukehren, das nach göttlichem Recht uns gehört. Unsere Zahl ist zusammen-
geschrumpft, und wir würden, da wir gelernt haben, den Boden zu bestellen, nicht
mehr so viel Land benötigen wie früher. Wir bitten nicht um all das Land, das uns der
Allmächtige zu Beginn geschenkt hat, sondern nur um so viel, wie wir brauchen, um
satt zu werden, wenn wir es bebauen. Was wir nicht brauchen, überlassen wir gern
den Weißen.

Wir werden jetzt auf Comanche- und Kiowa-Land festgehalten, das unseren
Bedürfnissen nicht gerecht wird. Unser Volk wird immer kleiner, und das wird so
weitergehen, wenn man uns nicht erlaubt, in unser Heimatland zurückzukehren . . .

Nach meiner Ansicht gibt es kein Klima und keinen Boden, die dem von Arizona
gleichkämen. Wir könnten reichlich Ackerland, reichlich Gras, reichlich Holz und
üppige Bodenschätze in jenem Land haben, das der Allmächtige für die Apachen
erschaffen hat. Es ist mein Land, meine Heimat, meines Vaters Land, in das
zurückzukehren ich jetzt um Erlaubnis bitte. Ich möchte meine letzten Lebensjahre
dort verbringen und dort in den Bergen begraben werden. Wenn das so sein könnte,
würde ich in Frieden sterben, im Gefühl, daß meine Stammesgenossen, sobald sie in
ihrer heimatlichen Umgebung sind, wieder stärker würden, anstatt wie jetzt
dahinzusiechen, und daß unser Name nicht aussterben würde.

Ich weiß, daß meine Stammesgenossen, wenn sie wieder in dem bergigen Land am

Quellgebiet des Gila River (in New Mexiko) angesiedelt werden, dort friedlich leben und den Willen des Präsidenten befolgen würden. Sie wären glücklich, wenn sie den Boden bestellen und die Zivilisation des Weißen Mannes erlernen können, den sie jetzt achten. Wenn ich das doch nur verwirklicht sähe, dann könnte ich, glaube ich, all das Unrecht vergessen, das mir je zugefügt wurde, und als zufriedener und glücklicher alter Mann sterben. Aber von uns aus können wir in dieser Sache nichts tun – wir müssen warten, bis die, die an der Macht sind, zu handeln beschließen. Falls das nicht zu meinen Lebzeiten geschehen kann – falls ich in Knechtschaft sterben muß –, hoffe ich, daß dem Rest des Apachen-Stammes nach meinem Tod die einzige Vergünstigung gewährt wird, um die mein Volk bittet: nach Arizona zurückzukehren.

Hehaka Sapa oder Black Elk, ein heiliger Sioux, berichtet von der seelischen Verarmung, die sein Volk erlitt, seit es gezwungen war, die alte Heimat zu verlassen und sich der Lebensweise des Weißen Mannes anzupassen.

Die Wasichus haben uns in diese viereckigen Kisten (Hütten) gesteckt. Unsere Kraft ist dahin, und wir sterben, denn wir fühlen nur noch Schwäche in uns. Ihr könnt unsere Knaben betrachten, dann wißt Ihr, wie es um uns steht. Als wir von der Kraft des Kreises auf die Art lebten, die uns bestimmt war, waren die Knaben mit zwölf oder dreizehn Jahren schon Männer. Doch jetzt dauert es viel länger, bis sie erwachsen sind. Ja, so ist es: Wir sind Kriegsgefangene, solange wir hier warten. Doch es gibt eine andere Welt.

In seiner Autobiographie spricht Geronimo über die Bedeutung der Harmonie zwischen einem Land und seinen Bewohnern, und wie sie sich auf den Geist und das Leben der Apachen auswirkte.

Wir verschwinden vom Erdboden, und doch kann ich nicht glauben, daß wir nutzlos sind, sonst hätte Usen (Wort der Apachen für Gott) uns nicht erschaffen.

Jedem Stamm, den Usen schuf, gab er auch eine Heimat. Er gestaltete das Land für jeden einzelnen Stamm, pflanzte dort, was immer für das Wohlergehen jenes Stammes am besten war.

Als Usen die Apachen erschuf, erschuf er ihre Heimat im Westen. Er gab ihnen soviel Getreide, Wild und Obst, wie sie benötigten, um sich zu ernähren. Wenn sie von Krankheit befallen wurden, lehrte Er sie, wo sie Heilkräuter finden und wie sie Heilmittel zubereiten konnten, damit sie wieder gesund wurden. Er schenkte ihnen ein angenehmes Klima; und alles, was sie brauchten, um sich zu kleiden und Hütten zu bauen, war zur Hand.

So war es zu Anfang: Die Apachen und ihre Heimat waren von Usen füreinander geschaffen worden. Wenn man sie aus dieser Heimat wegreißt, werden sie krank und sterben. Wie lange wird es noch dauern, bis man sagt, daß es keine Apachen mehr gibt?

1931 sprach Black Elk auf dem Harney Peak in den Black Hills folgendes Gebet:

He-a-a-he! He-a-a-he! He-a-a-he! Großvater, Großer Geist, sieh mich noch einmal auf dieser Erde und neige dich, meine schwache Stimme zu hören! Du warst der Erste, der lebte, und du bist älter als alles Verlangen, älter als alles Gebet. Alle Lebewesen gehören dir – die zweibeinigen, die vierbeinigen, die Flügel der Lüfte und alles Grün, das lebendig ist. Du machst, daß der gute Weg und der schwierige Weg sich kreuzen, und der Ort, wo sie sich kreuzen, ist heilig.

Als ich noch jung war und hoffen konnte, hast du mir gesagt, daß ich, wenn ich in Schwierigkeiten wäre, meine Stimme viermal erheben solle, je einmal für jedes Viertel der Erde . . .

Heute erhebe ich meine Stimme um eines Volkes willen, das in Verzweiflung ist.

Vom Westen hast du mir den Becher lebendigen Wassers gegeben und den heiligen Bogen: die Macht, um Leben zu schaffen und zu zerstören. Von dorther, wo der weiße Riese wohnt, hast du mir den heiligen Wind gegeben und das Heilkraut: die Macht zu reinigen und zu heilen. Von Osten hast du mir den Morgenstern und die Pfeife gegeben, und vom Süden den heiligen Kreis der Völker und den Baum, der blühen sollte. Zum Mittelpunkt der Welt hast du mich geführt und mir die Güte und Schönheit und die Fremdartigkeit der grünenden Erde, der einzigen Mutter, gezeigt –, dort hast du mir die Seele aller Dinge gezeigt. Im Mittelpunkt des heiligen Kreises sollte ich den Baum zum Blühen bringen, hast du gesagt.

Mit rinnenden Tränen, o Großer Geist, Großer Geist, mein Großvater – mit rinnenden Tränen muß ich gestehen, daß der Baum nie geblüht hat. Du siehst mich hier als einen kläglichen alten Mann, den alle Kräfte verlassen haben. Hier im Mittelpunkt der Welt, zu dem du mich führtest, als ich jung war und von dir unterwiesen wurde, hier stehe ich, alt, und der Baum ist verdorrt, Großvater, mein Großvater!

Abermals – und vielleicht zum letztenmal auf dieser Erde –, erinnere ich mich an das große Traumbild, das du mir gesandt hast. Es könnte sein, daß eine kleine Wurzel des heiligen Baumes noch lebt. Ernähre sie dann, damit er Blätter trägt und blüht und sich mit singenden Vögeln füllt. Höre mich – nicht um meinetwillen, sondern um meines Volkes willen! Ich bin alt. Höre mich, damit sie noch einmal in den heiligen Kreis zurückkehren und den guten roten Weg finden, den beschützenden Baum!

Voller Kummer erhebe ich meine Stimme, o Sechs Mächte der Welt! Hört mich in meinem Kummer, denn vielleicht kann ich nie wieder rufen! O laßt mein Volk leben!

Khe-tha-a-hi oder Eagle Wing erweist dem Land seine Hochachtung, das die Indianer zurücklassen mußten.

Meine Brüder, in diesem Land soll man sich immer der Indianer erinnern. Unsere Sprache hat vielen schönen Dingen ihren Namen gegeben, und sie werden immer von uns zeugen. Minnehaha wird lachend von uns erzählen, Seneca wird unser Bild widerspiegeln, Mississippi wird von unserem Leid murmeln. Das weite Iowa und das wogende Dakota und das fruchtbare Michigan werden der Sonne, die sie küßt, unseren Namen zuflüstern. Der brausende Niagara, das seufzende Illinois und der singende Delaware werden unaufhörlich unser Dta-wa-e, das Todeslied, singen. Kann es sein, daß ihr und eure Kinder diesen ewigen Gesang hört, ohne daß euer Herz wund wird? Wir haben uns nur einer einzigen Sünde schuldig gemacht: Wir haben Dinge besessen, die der Weiße Mann begehrte. Wir zogen fort, der sinkenden Sonne entgegen; wir überließen unsere Heimat dem Weißen Mann.

Meine Brüder, eine Legende meines Volkes erzählt, wie ein Häuptling, der seinen Stamm anführte, einen Fluß überquert, und wie er seinen Tipi-Pfahl in den Boden stößt und ausruft: »A-la-ba-ma!« Das bedeutet in unserer Sprache: »Hier dürfen wir bleiben!« Aber er sah nicht in die Zukunft. Der Weiße Mann kam, und der Häuptling und seine Stammesgenossen konnten nicht dort bleiben. Sie wurden fortgejagt und in einem dunklen Sumpf in den Morast gestoßen und getötet. Das Wort, das er so traurig aussprach, hat einem Staat des Weißen Mannes den Namen verliehen. Unter jenen Sternen, die jetzt auf uns herablächeln, ist kein Ort, auf den der Indianer seinen Fuß setzen und »A-la-ba-ma!« seufzen kann. Vielleicht gewährt uns Wakanda einen solchen Ort. Doch es scheint, daß er nur auf *Seiner* Seite sein wird.

Wo ist heute der Pequot? Wo sind die Narragansetts, die Mohawks, die Pokanoket und viele andere einst mächtige Stämme unseres Volkes? Sie sind der Gier und der Unterdrückung des Weißen Mannes gewichen, wie der Schnee der Sommersonne weicht.

Tecumseh, Häuptling des Shawnee.

Navajos

4. Wenn wir uns ergeben, sterben wir.

Unsere Ideen werden eure Ideen besiegen. Wir werden das ganze Wertsystem des Landes in Fetzen reißen. Es ist nicht wichtig, daß es nur 500 000 von uns Indianern gibt . . . Wichtig ist allein, daß wir eine überlegene Lebensweise haben. Wir Indianer haben eine humanere Lebensphilosophie. Wir Indianer wollen diesem Land zeigen, wie man menschlich handelt. Eines Tages wird dieses Land seine Verfassung und seine Gesetze vom menschlichen Standpunkt aus revidieren, statt von dem des Besitztums. Wenn es Red Power in diesem Lande geben wird, dann, weil es um eine inhaltliche, eine ideologische Auseinandersetzung geht. Welches ist der höchste Wert im menschlichen Leben? An dieser Frage wird sich alles entscheiden!

Vine Deloria jr., 1971.

Häuptling Dan George, erblicher Häuptling der Coast Salish und Ehrenhäuptling der Squamish in British Columbia, hielt im Jahre 1967 in Vancouver anläßlich des hundertjährigen Jubiläums des Staates Kanada folgende Rede:

Wie lange kenne ich dich schon, o Kanada? Seit hundert Jahren? Ja, seit hundert Jahren. Und viele, viele weitere »seelanum«. Und heute, da du deine hundert Jahre feierst, o Kanada, fühle ich Trauer für alle Indianer in diesem Land.

Denn ich habe dich gekannt, als deine Wälder mir gehörten, als sie mir Fleisch und Kleidung lieferten. Ich habe deine Bäche und Ströme gekannt, in denen deine Fische aufblitzten und im Sonnenschein tanzten, und wo die Wasser sagten: Komm, komm und iß von meinem Überfluß! Ich habe die Freiheit deiner Winde gekannt. Und mein Geist schweifte einst, den Winden gleich, über dein gutes Land.

Doch in den langen hundert Jahren, seit der Weiße Mann kam, sah ich meine Freiheit so geheimnisvoll verschwinden wie den Lachs, der ins Meer zieht. Die seltsamen Bräuche des Weißen Mannes, die ich nicht verstehen konnte, bedrückten mich, bis ich nicht mehr atmen konnte.

Als ich kämpfte, um mein Land und mein Heim zu schützen, wurde ich als Wilder bezeichnet. Als ich die neue Lebensweise weder verstand noch willkommen hieß, nannte man mich faul. Als ich versuchte, mein Volk zu regieren, beraubte man mich meiner Macht.

In deinen Geschichts-Lehrbüchern wird mein Volk nicht erwähnt – es ist in der Geschichte Kanadas kaum wichtiger als die Büffelherden, die durch die Prärie zogen. In deinen Schauspielen und Filmen wurde ich verlacht; wenn ich dein Feuerwasser trank, wurde ich betrunken, sehr, sehr betrunken. Und ich vergaß.

O Kanada, wie kann ich diese Hundertjahrfeier mit dir feiern, diese hundert Jahre? Soll ich dir für die Reservate danken, die mir von meinen schönen Wäldern geblieben sind? Für die in Büchsen verlöteten Fische meiner Flüsse? Für den Verlust meines Stolzes und meines Ansehens selbst bei meinem eigenen Volk? Dafür, daß mein Wille, zurückzuschlagen, gebrochen wurde? Nein, ich muß vergessen, was vorbei und vergangen ist.

O Gott im Himmel! Gib mir den Mut der alten Häuptlinge zurück! Laß mich mit meiner Umgebung ringen! Laß mich, wie in den alten Zeiten, meine Umwelt beherrschen! Laß mich bescheiden diese neue Kultur annehmen, und laß mich lernen, aus ihr Kraft zu schöpfen, damit ich meinem Weg weiter folgen kann!

O Gott! Wie der Donnervogel der alten Zeiten werde ich mich wieder aus dem Meer erheben; ich werde mir die Werkzeuge des Erfolgs der weißen Männer aneignen, seine Schulbildung, seine Geschicklichkeit, und mit diesen neuen Werkzeugen werde ich meine Rasse zum stolzesten Glied der Gesellschaft machen. Ehe ich den großen Häuptlingen folge, die vor uns gegangen sind, o Kanada, werde ich sehen, wie meine Bitten sich erfüllen.

Ich werde unsere unerschrockenen jungen Männer und unsere Häuptlinge im Haus des Rechts und im Haus der Regierung sitzen sehen, wo sie lenken und gelenkt werden durch das Wissen und die Freiheit unseres großen Landes. So werden wir die Schranken unserer Isolierung zerschmettern. So werden die nächsten hundert Jahre zu den großartigsten in der stolzen Geschichte unserer Stämme und Nationen werden!

Fischer des Makah Halibut-Stammes

Im November 1969 besetzte eine Gruppe von Indianern die Insel Alcatraz, das ehemalige Gefängnisgelände, wo sich nur wenige Wächter aufhielten. Die Indianer weigerten sich, den Befehlen der Regierungsbeamten Folge zu leisten und die Insel zu verlassen; im Juni 1971 wurden sie gewaltsam vertrieben. Die folgende Darlegung begründet ihren Anspruch auf die Insel.

Bekanntmachung: An den Großen Weißen Vater und sein ganzes Volk.

Wir, die eingeborenen Amerikaner, fordern das als Alcatraz-Insel bekannte Land im Namen aller amerikanischen Indianer zurück, und zwar mit dem Recht der Entdecker.

Wir wünschen, unsere Beziehungen zu den kaukasischen Einwohnern dieses Landes gerecht und ehrenhaft zu gestalten und bieten hiermit folgenden Vertrag an:

Wir wollen die genannte Insel Alcatraz für vierundzwanzig Dollar, zahlbar in Glasperlen und rotem Flanell, kaufen – entsprechend dem Präzedenzfall von vor etwa dreihundert Jahren beim Erwerb einer ähnlichen Insel durch den Weißen Mann. Wir wissen, daß 24 Dollar in Handelswaren für diese sechzehn Morgen Land den Preis übersteigen, der für die Insel Manhattan bezahlt wurde; aber wir wissen auch, daß der Wert von Grundstücken im Laufe der Jahre gestiegen ist. Unser Angebot von 1,24 Dollar pro Morgen ist weit höher als die 47 Cents, die der weiße Mann heute den kalifornischen Indianern zahlt. Wir wollen den Bewohnern dieser Insel einen Teil des Landes als Eigentum geben. Er soll vom Ministerium für Amerikanisch-Indianische Angelegenheiten, und vom Büro für Kaukasische Angelegenheiten verwaltet werden. Der Vertrag ist unbefristet und soll gelten, solange die Sonne aufgehen wird und die Flüsse sich ins Meer ergießen. Ferner wollen wir die Bewohner in der rechten Art zu leben unterweisen. Wir wollen ihnen unsere Religion, unsere Erziehung und unsere Sitten anbieten, um ihnen dadurch zu helfen, die Höhe unserer Zivilisation zu erlangen und sie und all ihre weißen Brüder aus dem unglücklichen Zustand von Wilden zu befreien. Diesen Vertrag bieten wir nach bestem Wissen und Gewissen an und wünschen, gerecht und ehrenhaft in unseren Beziehungen gegenüber allen weißen Männern zu sein . . .

Wir finden, daß diese sogenannte Alcatraz-Insel sehr geeignet für ein Indianer-Reservat ist, gemessen an den Richtlinien des weißen Mannes. Damit meinen wir, daß dieses Land den meisten Indianer-Reservaten gleicht, nämlich:

1. Es ist von allen modernen Einrichtungen abgeschnitten und ohne angemessene Transportmittel.
2. Es gibt kein fließendes frisches Wasser.

3. Es gibt nur unzureichende sanitäre Anlagen.
4. Seine Bewohner haben keinerlei Rechte an Öl- oder Mineral-Vorkommen.
5. Es gibt keine Industrie, daher herrscht große Arbeitslosigkeit.
6. Es gibt kein Gesundheitsamt.
7. Der Boden ist steinig und unfruchtbar und bietet nicht einmal ausreichende Lebensbedingungen für die genügsamsten Wildarten.
8. Es gibt keinerlei Schulen oder andere Bildungsmöglichkeiten.
9. Die Bevölkerungsdichte sprengte stets den zur Verfügung stehenden Wohnraum.
10. Die Bewohner wurden immer wie Gefangene behandelt und in Abhängigkeit von anderen gehalten.

Darüber hinaus wäre es angemessen und hätte eine symbolische Bedeutung, wenn die Schiffe aus aller Welt bei ihrer Einfahrt ins Golden Gate zuerst Indianerland erblickten und dadurch an die wahre Geschichte dieses Volkes erinnert würden. Diese kleine Insel stünde dann als Symbol für die weiten Gebiete, die ehemals von freien und edlen Indianern regiert wurden.

Hochzeitsfest bei den Quagyul

Der Cree-Indianer Harold Cardinal wurde 1945 in Alberta geboren und wuchs im Sucker-Creek-Reservat auf. In den letzten Jahren profilierte er sich als geschickter Politiker und setzte sich für die Rechte der Indianer in Kanada ein. Er kritisierte das Rechtsbewußtsein der Weißen und bezeichnete die Leidensgeschichte der Indianer unter den europäischen Eroberern als »schändliche Chronik der Gleichgültigkeit des Weißen Mannes . . . seines vorsätzlichen Niedertrampelns . . . und seiner wiederholten Vertrauensbrüche.«

Unser Volk glaubt nicht mehr. Diese Tatsache ist ebenso eindeutig, wie einfach und traurig. Die kanadische Regierung mag Teilnahme, Beratung und moderne soziale und ökonomische Entwicklungsprogramme versprechen. – Wir glauben ihr nicht mehr.

Nach endlosen, seit Generationen erlebten Enttäuschungen durch die kanadische Regierung ist unser Volk müde und dennoch geduldig geworden. Ehe die kanadische Regierung uns mit heuchlerischen politischen Argumenten, mit weiteren leeren Versprechungen und weiterer glatter Doppelzüngigkeit abzuspeisen versucht, wünscht unser Volk nicht nur, sondern verlangen wir, die Indianer, eine gerechte Regelung all unserer vertraglichen und ursprünglichen Rechte. Die Regierung der Königin (von England) muß die vertraglichen und ursprünglichen Rechte der Indianer gewährleisten, ehe es zu einer weiteren Zusammenarbeit zwischen den Indianern und der Regierung kommen kann. Mehr verlangen wir nicht.

Gewiß, der Premierminister hat mit seinen Ausführungen über eine humane und gerechte Gesellschaft unsere Hoffnungen geweckt. Auch sagte uns sein Minister für Indianische Angelegenheiten, unsere Probleme würden gelöst, wenn wir – wie die weißen Kanadier – »willige, regierbare Bürger« würden. Aber erst kürzlich ließ der Premierminister die andere Gabel seiner gespaltenen Zunge hervorschnellen. Während einer Rede in Washington sagte Mr. Trudeau: »Die Bundesregierung ist nicht bereit, den kanadischen Indianern ihre Ureinwohner-Rechte zu gewähren . . .«

Für die Indianer Kanadas bedeuten die Verträge eine indianische Magna Charta. Die Verträge sind uns wichtig, weil wir vertrauensvoll und in der Hoffnung auf ein besseres, ehrenhaftes Leben in diese Verhandlungen eintraten. Mit nicht viel mehr als dieser Hoffnung haben wir mehr als ein Jahrhundert überdauert. Hatte der Weiße Mann etwa weniger im Sinn, als er in die Verhandlungen eintrat? Oder sind die Erben der Männer, welche in Ehren unterzeichneten, von der ihnen übertragenen Verpflichtung irgendwie abgerückt? Die Indianer traten in die Vertragsverhandlungen als ehrenhafte Männer ein, die als Gleichgestellte mit den Vertretern der Königin verhandeln wollten. Unsere damaligen Führer glaubten, sie hätten mit einem ebenso ehrenhaften Volk zu tun. Unsere Führer verpflichteten sich, ihr Volk und ihre Erben zu respektieren, was damals beschlossen wurde.

Unsere Führer glaubten irrtümlich, mit einem ehrenhaften Volk zu verhandeln, das nicht weniger als die Indianer tun würde, nämlich, sich selbst, ihr Volk und ihre Erben an ehrlich geschlossene Verträge zu binden . . .

Die Weißen schlossen Verträge mit uns, weil sie vor aller Welt ihre Anwesenheit in unserem Lande rechtfertigen wollten. Es war ein Versuch, die Bedingungen ihres Landraubs rechtlich festzulegen und die rechtmäßigen Ansprüche auf den Grund und Boden unserer Heimat gesetzlich und moralisch auszulöschen. Niemals hat im Bewußtsein unseres Volkes der geringste Zweifel bestanden, daß der Grund und Boden Kanadas ihm gehöre . . .

In der Sprache der Cree-Indianer bezeichnet man die Indianer-Reservate als *das Land, das wir für uns behielten, oder als das Land, das wir nicht an die Regierung abtraten:* in unserer Sprache: *skun-gun* . . .

Soweit es uns betrifft, sind die Vertragsrechte ein heiliges, ehrenhaftes Übereinkommen zwischen der kanadischen Regierung, das nicht einseitig von den Launen eines ihrer Führer außer Kraft gesetzt werden kann; es sei denn, daß jene Regierung sich bereit erklärt, uns die Rechtstitel auf unseren Grund und Boden zurückzugeben.

Unsere Rechte sind zu wertvoll, um vor gallischen oder sonstwelchen Redekünsten zu kapitulieren, und zu wertvoll, um gegen Goldstücke verkauft zu werden. Worte ändern ihre Bedeutung, der Wert des Goldes schwankt und mag sogar verschwinden; unser Grund und Boden wird nicht verschwinden.

Wir können unsere Rechte nicht aufgeben, ohne uns selbst als Volk zu vernichten. Wenn unsere Rechte bedeutungslos sind, wenn es unvorstellbar ist, daß Verträge zwischen unserer Gesellschaft und der weißen Gesellschaft eingehalten werden, obwohl diese Verträge auf beiden Seiten vertrauensvoll und von ehrenhaften Vertragspartnern unterzeichnet wurden, und zwar lange bevor die jetzige Regierung beschloß, sie als wertlose Papierfetzen zu zerreißen; dann sind wir als Volk bedeutungslos. Das können und das wollen wir nicht akzeptieren. Wir wissen, daß wir überleben, solange wir für unsere Rechte kämpfen. Wenn wir uns ergeben, sterben wir.

Im vergangenen Jahr begann die Peabody Coal Company, eine Tochtergesellschaft der Kennecott Copper Company, Kohlenlager auf den 65 000 Morgen Land freizulegen, die sie von den Navajo- und Hopi-Stämmen gepachtet hatte. Die Angestellten der Gesellschaft erklärten, daß dieser Bergwerksbetrieb den indianischen Grund und Boden nicht beschädigen, sondern vielmehr das Leben vieler Navajos und Hopis verbessern würde. Eine Gruppe von Hopi-Indianern schrieb daraufhin folgenden Brief an den Präsidenten Mr. Nixon, der ihre oppositionelle Haltung begründete:

Sehr geehrter Herr Präsident,

Wir, die wahren und traditionellen religiösen Führer, und als solche vom Volk der Hopi anerkannt, bestehen auf voller Verfügungsgewalt über alles Land und Leben, auf der westlichen Hemisphäre dieses Kontinents. Unser Amt als Verwalter dieses Landes wurde uns dank unseres Wissens vom Sinn der Natur, des Friedens und der Harmonie verliehen, so, wie es unserem Volk von IHM verkündet wurde, den wir Massau'u, Großer Geist nennen, und der uns vor Urzeiten die heiligen Steintafeln schenkte, die wir bis auf den heutigen Tag aufbewahren. Viele Generationen vor dem Kommen des Weißen Mannes und viele Generationen vor dem Kommen der Navajos hat das Hopi-Volk in dem heiligen Land gelebt, das Ihnen als der Südwesten bekannt ist – und uns als das geistige Zentrum unseres Kontinents. Die Kinder des Hopi-Volks, die dem Pfad des Großen Geistes gehorsam folgten, sind im Besitz einer Botschaft, die wir erhielten und die wir Ihnen übermitteln sollen.

In seinem Unverständnis von den Wegen der Natur hat der Weiße Mann das Gesicht der Mutter Erde geschändet. Das fortgeschrittene technologische Können des Weißen Mannes ergab sich, weil er den Weg der Seele und das Verhalten aller lebendigen Geschöpfe mißachtet. Die Gier des Weißen Mannes nach materiellem Besitz und nach Macht hat ihn blind gemacht für den Schmerz, den er der Mutter Erde auf seiner Suche nach dem zugefügt hat, was er Naturschätze nennt. Und der Pfad des Großen Geistes war für die meisten Menschen kaum noch zu erkennen, sogar für viele Indianer nicht, die es vorzogen, dem Pfad des Weißen Mannes zu folgen . . .

Heute wird das heilige Land, wo die Hopis leben, von Männern entweiht, die Kohle und Wasser auf unserem Grund und Boden suchen, um mehr Energie für die Städte des Weißen Mannes zu gewinnen. Diesem Treiben muß Einhalt geboten werden; denn wenn die Weißen das Land weiter so behandeln, wird unsere Mutter Natur sich auf eine Weise wehren, die für fast alle Menschen Leid bedeutet – und das Ende einer Lebensweise, die sie bisher gewohnt waren. Der Große Geist sagte, wir dürften das nicht zulassen, wie es auch schon unseren Vorfahren vorausgesagt wurde. Der Große

Geist sagte, man dürfe die Erde nicht angreifen und lebende Geschöpfe nicht zerstören. Der Große Geist Massau'u sagte, der Mensch solle in Harmonie leben und für alle noch kommenden Kinder ein gutes sauberes Land erhalten. Alle Hopi-Leute und andere indianische Brüder vertreten diesen religiösen Grundsatz, und die Bewegung »Traditional Spiritual Unity« bemüht sich heute darum, das Interesse aller Indianer im ganzen Land neu für die Gesetze der Natur und ihren religiösen Ursprung zu wecken. Die Regierung hat die Grundlagen unserer Religion fast zerstört, die für uns wirklich die Gesetze verkörperte, nach denen unser ganzes Volk im Land des Großen Geistes leben sollte.

Heute sind fast alle Voraussagen in Erfüllung gegangen. Große Straßen ziehen wie Ströme durch das Land; durch die Spinnenfäden des Telefons spricht der Mensch zum Menschen; über die Straßen des Himmels reist der Mensch in seinen Flugzeugen; zwei große Kriege sind von denen geführt worden, die das Hakenkreuz oder das Zeichen der aufgehenden Sonne trugen; der Mensch vergreift sich am Mond und an den Sternen. Die meisten Menschen sind abgewichen von dem Pfad, den uns der Große Geist gezeigt hat. Denn Massau'u allein ist groß genug, um den Weg zurück zu IHM zu beschreiben.

Der Große Geist hat verkündet, wenn ein Flaschenkürbis voll Asche auf die Erde geworfen würde, müßten viele Menschen sterben, und das Ende unseres bisherigen Lebens sei nahe. Wir deuten diese Prophezeihung als den Abwurf von Atombomben auf Hiroshima und Nagasaki. Wir wollen nicht, daß dergleichen noch einmal irgendeinem Land oder Volk widerfährt. Wir sollten statt dessen all diese Energie für friedliche Zwecke nutzen und nicht für den Krieg einsetzen.

Wir, die religiösen Führer und rechtmäßigen Sprecher des unabhängigen Hopi-Volkes, sind vom Großen Geist angewiesen worden, dem Präsidenten der Vereinigten Staaten und allen geistigen Führern überall auf der Erde die Einladung zu übermitteln, mit uns zusammenzutreffen und über das Wohlergehen der Menschheit zu sprechen, damit Frieden, Einheit und Brüderlichkeit allen Menschen überall zuteil werden.

Hochachtungsvoll,
Gezeichnet: Thomas Banyacya, für die Hopi Traditional Village Leaders:
Mrs. Mina Lansa, Oraibi,
Claude Kawangyawma, Shungopavy,
Starlie Lomayaktewa, Mushongnovi,
Dan Katchongva, Hotevilla.

Navajos

Vieles im gegenwärtig noch ausgewogenen Verhalten der Indianer beruht auf ihrer Erfahrung mit ihrer negativen Einstellung gegen den Rassismus . . . Die jüngsten Ereignisse . . . deuten auf eine mögliche Störung dieses Gleichgewichts. Es ist schwierig vorauszusagen, wie groß diese Störung sein wird oder ob sie das Leben des amerikanischen Indianers weitgehend ändern wird.

Lionel de Montigny (Métis)

Anmerkungen

zu Seite 22

Frances Densmore schreibt in ihrer Monographie *Teton Sioux Music* ausführlich über die Bedeutung Wakan tankas bei den Sioux. »Früher wurde die Bezeichnung Wakan tanka nicht im alltäglichen Gespräch benutzt, weil sie für zu heilig gehalten wurde, um in den Mund genommen zu werden, ausgenommen mit der gebührenden Verehrung und bei passender Gelegenheit. In diesem Zusammenhang«, fährt sie fort, »darf daran erinnert werden, daß viele Indianerstämme es vermieden, den Namen eines Menschen auszusprechen, vor allem in dessen Gegenwart. Beim Studium der tiefen Phasen indianischen Denkens muß daher in Betracht gezogen werden, was unausgesprochen blieb. Eine volle und ausführliche Äußerung ist bei den Indianern nicht üblich. Das unausgesprochene Element mag eine Sache gegenseitigen Verstehens sein, wo nichts mit Worten angedeutet wird, oder es mag etwas sein, das auf eine solche Weise angedeutet wird, daß es nur für die verständlich ist, für die es beabsichtigt ist. Daher »eine heilige Sprache«, die nur vom Medizinmann benutzt wurde und wobei alltägliche Worte eine okkulte Bedeutung annehmen. Bei einem Versuch, das Wort *wakan* zu deuten, gaben mehrere alte Indianer nach einer Beratung folgende Erklärung ab: ›Ein gewöhnlicher Mensch hat eine natürliche Art, etwas zu tun. Gelegentlich gibt es einen Mann, der die Gabe hat, außergewöhnliche Dinge zu tun, und er wird *wakan* genannt. Obwohl es eine übernatürliche Gabe ist, kann er sie nur nach angestrengtem Nachsinnen anwenden. Ein Mann mag fähig sein, Dinge auf geheimnisvolle Art zu vollbringen, doch noch nie hat man jemanden gesehen, der dem Mond oder der Sonne gebieten oder den Wechsel der Jahreszeiten ändern konnte. Die wunderbarsten Dinge, die der Mensch tun kann, sind verschieden von den Werken der Natur. Wenn die Jahreszeiten wechselten, betrachteten wir es als ein Geschenk der Sonne, die von allen geheimnisvollen *wakan*-Kräften die stärkste ist.‹ Bei einem anderen Gespräch über das gleiche Thema wurde gesagt: ›Wir benutzen die Worte *Taku Wakan* für alles, was in unseren Augen geheimnisvolle Kräfte hat. So ist eine Pfeife *Taku wakan,* denn mit ihr kann ein Bittgesuch gestellt und Gutes erreicht werden. Wir können den Donner nicht sehen, und wir sagen, er ist *wakan,* doch wir sehen den Blitz und wissen, daß Donner und Blitz ein Zeichen für kommenden Regen sind, welcher der Erde gut tut. Alles, was ähnliche Kräfte hat, ist *wakan*, aber die Sonne ist allem überlegen, denn sie hat die größte Kraft von allen.‹ Andere, dem Voraufgegangenen ähnliche Gespräche drückten die Überzeugung der Sioux aus, daß ihr Volk immer an eine geheimnisvolle Macht geglaubt hatte, deren höchste Verkörperung die Sonne ist, und daß *Wakan tanka* eine Bezeichnung jener Macht war.« Densmore beschreibt auch den Glauben der Sioux an heilige Steine.

»Große Steine oder Blöcke auf freiem Feld waren bei den Sioux-Indianern ›Gegenstand der Verehrung‹. Stephen Riggs, der im Jahre 1880 darüber schrieb, bemerkte, daß ›große Felsblöcke ausgewählt und mit roter und grüner Farbe verziert wurden, zu denen der Dakota gehen konnte, um zu beten und sein Opfer darzubringen.‹ Einen interessanten Bericht über einen solchen, als Eyay Shah oder ›Rotstein‹ bekannten Felsblock verzeichnete H.C. Hovey im Jahre 1887. Dieser Stein lag in der Nähe von St. Paul in Minnesota und wurde von den Sioux zum letztenmal kurz vor ihrer Erhebung im Jahre 1862 aufgesucht. Viele Steine der Dakota-Prärie sollen von den Sioux ebenso geschätzt worden sein. Von solchen Steinen zu sprechen, ist bei den Sioux ›heilige Sprache‹.

»Es wurde als große Ehre angesehen, wenn man von den heiligen Steinen träumte. Die Sioux wünschten sich, solche Träume zu haben, doch man gab zu, daß der Traum jeweils dem Charakter des Träumenden entsprach. Deshalb sagte man, daß ein junger Mann, der sich geistig nicht weiter auszeichnete, nicht denselben Traum wie ein Häuptling haben könne: es würde ein gewöhnlicher Traum sein; immerhin müsse er tun, was ihm der Traum zu tun befahl. Die erste Verpflichtung bestand meistens darin, dem Stamm den Traum mitzuteilen. Das geschah durch eine Vorführung, die auf die Art des Traumes hinwies und den

Träumenden mit anderen Stammesgenossen verband, die ähnliche Träume hatten. Wenn der Traum mit den heiligen Steinen oder mit Kräutern oder Tieren zusammenhing, die bei der Behandlung von Kranken eine Rolle spielten, dann hielt man es für eine Pflicht, daß der Mann von der übernatürlichen Hilfe, die ihm durch den Traum gewährt wurde, Gebrauch machte und daß er sein Leben dementsprechend gestaltete. Die Verpflichtung, die der Traum auferlegte, war ebenso bindend wie die Notwendigkeit, ein Gelübde zu erfüllen, und wer eins von beiden mißachtete, wurde angeblich von den Naturkräften bestraft: meistens wurde er vom Blitz erschlagen.« (Frances Densmore: *Teton Sioux Music,* Bulletin 61, Bureau of American Ethnology, Washington D.C., pp 157, 206)

zu Seite 31

Natalie Curtis schreibt in *the Indian's Book:* »Nicht alle Lieder sind religiös, doch es gibt kaum eine Arbeit, sei sie leicht oder schwer, und kaum ein Ereignis, sei es wichtig oder unbedeutend, zu dem es nicht ein passendes Lied gab. In fast jedem indianischen Mythus singt der Schöpfer die Dinge ins Leben! Für den Indianer sind Wahrheit, Tradition, Geschichte und Geistesleben in der zeremoniellen Dichtung und im Lied aufbewahrt. Das Lied des roten Mannes verewigt die Lehren seiner Weisen, die großen Taten seiner Helden, den Rat seiner Seher und die Verehrung seines Gottes.« *(The Indian's Book,* New Edition, Dover, New York, 1968, Seite XXIV)

»Ich bin immer ein armer Mann gewesen – ich kann kein einziges Lied«, wurde W.W. Hill von seinem Navaho-Gewährsmann mitgeteilt, als dieser seinen Bericht über Methoden der Landbestellung begann. Und Dr. Hill fährt fort: »Es kann gar nicht stark genug auf den durch diese Erklärung veranschaulichten Glauben hingewiesen werden. Er faßt in wenigen Worten die ganze Einstellung der Navahos zum Leben und zur Möglichkeit des Erfolges zusammen. Im Hinblick auf den Ackerbau war es also nicht die Unbeständigkeit der Umwelt, die erfolgreiche Ernten oder Mißernten herbeiführte, sondern die Beherrschung der Naturmächte durch das Ritual.« (*The Agricultural and Hunting Methods of The Navaho Indians,* Yale University Press, New Haven, 1938, Seite 52, zitiert in Margot Astrov: *American Indian Prose and Poetry,* Seite 21)

Knud Rasmussen verzeichnet die Äußerung eines großen Jägers über das Singen: »Meinen Atem – so will ich dieses Lied nennen«, sagte im Jahre 1923 Orpingalik, eine Schamane und Dichter der Netsilingmiut-Eskimos, »denn für mich ist es genauso notwendig, zu singen wie zu atmen.« Und dann begann er : »Ich will singen diesen Sang, einen Sang von großer Kraft.«

»Lieder«, fügte Orpingalik hinzu, »sind Gedanken, die der Atem singt, wenn starke Gefühle die Menschen bewegen und die gewöhnliche Sprache nicht ausreicht. Der Mensch wird ebenso bewegt wie die Eisschollen, die in der Strömung hierhin und dorthin treiben. Wenn er Freude oder wenn er Kummer empfindet, werden seine Gedanken durch eine flutende Gewalt hervorgetrieben. Gedanken können wie eine Flut über ihn hinwegspülen, so daß sein Blut in Stößen pulsiert und sein Herz hämmert. Etwas wie eine milde Witterung wird ihn aufgetaut halten, und dann kann es geschehen, daß wir, die wir uns immer als klein ansehen, uns als noch kleiner empfinden. Und wir werden uns scheuen, Worte zu benutzen. Doch es kann geschehen, daß die Worte, dir wir brauchen, von selber kommen. Wenn die Worte, die wir benutzen wollen, von selber hervorschießen – bekommen wir ein neues Lied.« (*The Netsilik Eskimos, Social Life and Spiritual Culture, Report of the Fifth Thule Expedition 1921–1924,* Band 8, Nr. 1–2, Copenhagen, Seite 321.)

zu Seite 43

Die folgenden Auszüge erhellen die Vorstellung des Indianers von der Gottesverehrung in Gestalt der Natur.

»Allice C. Fletcher erklärt (in *Report,* Peabody Museum, Band III, Seite 276), daß in den Gedanken des Indianers das Leben des Universums nicht analysiert und klassifiziert ist und daß aus den Teilen keine große Synthese gebildet wurde. Für ihn sind die verschiedenen Teile gleichermaßen wichtig und edel. Ein frommer alter Indianer sagte zu ihr:« ›Der Baum ist wie ein menschliches Geschöpf, denn er hat Leben und wächst; deshalb beten wir zu ihm und hängen unsere Opfergaben an seine Zweige, damit Gott uns helfe.‹ Im gleichen Sinne wird über einem geschlachteten Tier eine Entschuldigung vorgebracht, denn das Leben des einen wird weggenommen, um das Leben des andern zu steigern, damit es uns leben läßt‹, sagt eine Glaubensformel. Es wäre deshalb nicht ganz zutreffend, diese Offenbarung des Lebens – Zwischenstationen zu Gott – als

Gegenstand der Gottesverehrung oder Symbole zu bezeichnen; sie sind anscheinend eher so etwas wie Übermittlungsmedien zu der eingedrungenen okkulten Kraft, die undeutlich und furchtsam wahrgenommen wird. Infolgedessen steht der Indianer auf gleicher Stufe mit der Natur. Er sieht ihr nicht ins Auge und kann sie daher nicht meistern oder bezwingen oder sie wissenschaftlich und gesondert von seinem geistigen und emotionalen Leben untersuchen. Er wendet sich mit seinen Bitten an sie, aber er betet sie nicht an.« (James O. Dorsey, *A Study of Siouan Cults,* 11. Jahresbericht des Bureau of Ethnology, 1889–1890, Washington 1894, Seite 435)

zu Seite 46
Die Zahl Vier ist für die überwiegende Mehrheit der Stämme in Nordamerika eine heilige Zahl. Der Anthropologe Paul Radin erzählt von interessanten Gedanken eines weisen alten Oglalla-Sioux namens Tyon über die Bedeutung dieser Zahl:
»In den alten Zeiten richteten die Lakota alles Tun nach Vierergruppen aus. Es kam daher, daß sie vier Himmelsrichtungen anerkannten, den Westen, den Norden, den Osten und den Süden; und vier Zeiteinteilungen: den Tag, die Nacht, den Monat und das Jahr; vier Abschnitte bei allem, was aus dem Boden wächst: die Wurzeln, den Stamm, die Blätter und die Früchte; viererlei Geschöpfe, die atmen: die Kriechenden, die Fliegen, die Vierbeinigen und die Zweibeinigen; vier Dinge über der Erde: die Sonne, den Mond, den Himmel und die Sterne; vier Arten von Göttern: die Großen, die Gefährten der Großen, die Götter unter ihnen und die Geister; vier Zeitabschnitte im Menschenleben; das Säuglingsalter, die Kindheit, das Erwachsenenalter und das Greisenalter; und schließlich hat der Mensch vier Finger an jeder Hand und vier Zehen an jedem Fuß, und die Daumen und großen Zehen, zusammengezählt, ergeben auch wieder vier. Da der Große Geist alles in Vierergruppen erscheinen ließ, sollten auch die Menschen nach Möglichkeit alles in Vierergruppen tun.« (Paul Radin, *Primitive Man as Philosopher,* New York and London, D. Apoleton, 1927, Seite 278).

zu Seite 48
»Ein Symbol, das die Vorstellung des Prärie-Indianers zwischen dem Menschen und der ihn umgebenden Natur ganz umfassend ausdrückt, ist ein Kreuz innerhalb eines Kreises. Das Symbol wurde auf eine Anzahl von Kultgegenständen und auf den Körper und den Kopf von Männern gemalt, die an Stammeszeremonien teilnehmen. Bei der Hako-Zeremonie der Pawnees beschreibt der Priester zum Beispiel mit seinen Zehen auf der Erde einen Kreis; als Erklärung wurde angegeben, daß ›der Kreis ein Nest darstellt und mit den Zehen nachgezogen wird, weil der Adler (das Symbol des Großen Geistes) sein Nest mit seinen Krallen baut. Obwohl wir den Vogel nachmachen, der sein Nest baut, steckt hinter dem Tun ein anderer Sinn: wir denken an TIRAWA, der die Welt erschuf, damit die Menschen darin lebten.‹
»Im Mittelpunkt des Kreises, der in einem Punkt das Kreuz der vier Richtungen des Weltraums und aller andern Vierergruppen des Universums in sich vereint, steht der Mensch. Erst das Bewußtsein, daß er in sich diesen heiligen Mittelpunkt trägt, gibt dem Menschen seine Sonderstellung unter allen Geschöpfen. Um an das Wesen dieses Mittelpunktes zu erinnern, haben die Indianer so viele Riten, die sich auf das Kreuz innerhalb des Kreises beziehen.«
»Sehr deutlich äußert sich diese ›Zentralität‹ in einem der Riten des Apachen-Sonnentanzes; sie stellen ihr Heiliges Rad gegen alle vier Seiten eines menschlichen Körpers, beginnend an den Füßen und aufwärts bis zum Kopf. Dann wird es viermal in Richtung der Sonnenlaufbahn herumgedreht und schließlich über den Kopf gelegt, und zwar so, daß die vier am Rad befestigten Adlerfedern auf die Brust des Mannes herabhängen und er dadurch rituell im Mittelpunkt steht – eine senkrechte Achse zur Horizontalen.« (Joseph Epes Brown, *The Spiritual Legacy of the American Indian,* Wallingford, Pennsylvania, Pendle Hill Publications, 1964, Seiten 13–15). (Für weitere Hinweise auf die Hako-Zeremonie der Pawnees siehe Alice C. Fletcher: *The Hako: A Pawnee Ceremony,* 22nd Annual Report of the Bureau of American Ethnology, part 2, 1904).
Clifford Geerts meint, daß für die meisten Oglalla »der Kreis – einerlei, ob er in der Natur gefunden wird oder einem Büffelfell aufgemalt ist oder in einem Sonnentanz dargestellt wurde –, nichts als ein unerforschtes Lichtsymbol ist, dessen Bedeutung intuitiv erfaßt, aber nicht bewußt gedeutet wird . . . Wieder und wieder

verkörpert die Idee von einem heiligen Kreis, einer natürlichen Form mit moralischer Tragweite, neue Bedeutungen, wenn sie auf *die* Welt angewandt wird, in der die Oglalla lebten; ständig bringt sie Elemente innerhalb ihrer Erfahrung zusammen, die sonst völlig verschieden ... und unverständlich erscheinen würden.

Die allen gemeinsame Rundung eines menschlichen Körpers und eines Pflanzenstiels, eines Mondes und eines Schilds, eines Tipi und eines kreisförmigen Lagers verleiht ihnen eine unklar begriffene, aber sehr stark empfundene Bedeutung. Und dieses bedeutungsschwere, gemeinsame Element kann, sobald es abstrahiert ist, für rituelle Zwecke gebraucht werden, wie wenn in einer Friedenszeremonie die Pfeife – das Symbol sozialer Zusammengehörigkeit – vorsätzlich in einem vollkommenen Kreis von einem Raucher zum nächsten weiterrückt, wobei die Reinheit der Form das Wohlwollen der Geister heraufbeschwört, oder – um die seltsamen Paradoxe und Anomalien moralischer Erfahrung mythologisch auszulegen –, wie wenn man in einem runden Stein die Gewaltwerdung der Macht des Guten über das Böse erblickt.« (Clifford Geertz, »Ethos, World View and the Analysis of Sacred Symbols« in *Man makes Sense,* Boston, Little, Brown, 1970, Seite 326–327).

Jeder Stamm, wenn er auf der Jagd war, schlug das Lager in einem Kreis auf, und der Durchmesser dieses Kreises betrug oft eine viertel Meile und mehr. Manchmal bildeten die Lager konzentrische Kreise, und jeder Kreis stellte eine politische Gruppe Blutsverwandter dar. Die Dakota nennen sich »die sieben Ratsfeuer« und sagen, daß sie früher in zwei Unterabteilungen oder Gruppen kampiert hätten, von denen die eine aus vier und die andere aus drei konzentrischen Kreisen bestand. Die Omaha und nahestehende Sippen kampierten in einem Kreis, wenn sie sich auf der allhährlichen Büffeljagd befanden und während der großen Stammeszeremonien. Jede der zehn Omaha-*Gentes* hatte innerhalb der Reihe ihren unveränderlichen Platz. Die Frauen jeder *Gens* wußten, wohin ihre Zelte gehörten, und wenn ein Lagerplatz erreicht war, trieb eine jede ihre Ponies zur richtigen Stelle, so daß, wenn die Zelte des Stammes alle aufgeschlagen waren, jede *Gens* in der Position war, auf die ihr die Regeln, die mit den uralten Glaubenssätzen und Bräuchen zusammenhingen, ein Anrecht gaben. Für besondere Zeremonien, vor allem für den alljährlichen großen Sonnentanz, kampierten die Kiowa, die Cheyenne und andere in einem Kreis, der in fester und geregelter Ordnung aus den verschiedenen politischen Unterabteilungen gebildet wurde.

»Der Stammes-Kreis, bei dem jedes Segment aus einem Klan, einer *Gens* oder einer Gruppe zusammengesetzt war, ergab ein lebendiges Bild der Organisation und Verantwortung des Stammes. Er beeindruckte den Betrachter durch die bedingte Position von Verwandtengruppen und ihre gegenseitige Abhängigkeit, sowohl zur Aufrechterhaltung der inneren Ordnung und Führung als auch zur Verteidigung gegen äußere Feinde, während die Öffnung gen Osten und die Position der Zeremonienzelte an die religiösen Riten und an die Verpflichtungen erinnerte, durch welche die vielen Teile als ein geschlossenes Ganzes zusammengehalten wurden. (Frederick Webb Hodge, *The Handbook of Indians of Canada.*)

zu Seite 62
Weitere Hinweise auf die Träumerreligion s. Herbert J. Spinden, *The Nez Percés Indians,* The American Anthrop. Assoc., *Memoirs,* Lancaster 1908.

Quellenverzeichnis

Die Morgensonne, die junge liebliche Erde und die große Stille

9 Die Worte von Black Hawk stammen aus der »Autobiography of Black Hawk as dictated by himself to Antoine Leclair«, 1833, Historical Society, Iowa, herausgegeben, von J.B. Patterson. Neuauflage: American Publishing Company, Rock Island, Illinois, 1912. (Mit einer Einleitung von James D. Rishell), S. 62–63

11 Das Winnebago Sprichwort ist zitiert aus »Prairie Smoke« von Melvin Randolph Gilmore, Bismarck, North Dakota 1921, S. 9

11 Indianerhäuptling an den Gouverneur von Pennsylvania, zitiert nach Paul Jacobs, Saul Landau, Eve Pell: »To serve the Devil«, Kap. I »Natives and Slaves«, Vintage Books, New York, 1933, S. XXVII

12 Häuptling Luther Standing Bear, »Land of the Spotted Eagle«, Houghton Mifflin, Boston und New York, 1933, S. 192–197

13 Charles Alexander Eastman (Ohysea-Indianer), »The Soul of the Indian«, Houghton Mifflin, Boston 1911, S. 163

14 Lawren Kip, »The Indian Council in the Valley of the Walla Walla«, 1855, S. 22

16 Protokolle der New Jersey Historical Society, Neue Reihen, Kap. 13, 1928, S. 477–479

18 Ethel Brant Monture, »Canadian Portraits, Brant Crowfoot, Oronthyatekla, Famous Indinas«, Copyright 1960 Clark, Irvin and Company Ltd., Toronto, S. 120

21 Worte der alten Wintu-Frau aus Doroty Lee, »Freedom and Culture«, Prentice Hall, Englewood Cliffs, New Jersey 1959, S. 163–164

22 Frences Densmore, »Teton Sioux Music«, Bulletin 61, Bureau of American Ethnology, Washington D.C., 1918, S. 207–208

24 Ebenda S. 172–173

27 N. Scott Momaday, »The Way to Rainy Mountain«, Copyright 1969 the University of New Mexico Press, S. 5

28 Natalie Curtis, »The Indians Book« Harper and Brother, New York und London, 1907. Neuauflage: Dover Publications, 1968, New York, S. 11

29 Grant McEwan, »Tatanga Mani, Walking Buffalo of the Stonies«, M.J. Hartig Ltd., Edmonton/Alberta, 1969 S. 5, 181

31 Knud Rasmussen, »Intellectual Culture of the Iglulik Eskimos«, Report of the Fifth Thule Expedition, 1921–24«, Kap. 7, Kopenhagen 1930, S. 122–123

33 Worte von Häuptling Seattle aus »The Washington Historical Quartery 22«, Nr. 4, Oktober 1931, Washington University State Historical Society, Seattle, Washington

34 Zepheryn Engelhardt, »San Louis Rey Mission«, James H. Barry, San Franzisko, 1921, S. 192

35 Helen Addison Howard, »War Chief Joseph«, The Caxton Printers, 1941, S. 185

36 Häuptling Seattle

37 Jonathan Carver, »Travels through the interior Parts of North America in the Years 1766, 1767, and 1768«, Dublin 1779, S. 374–375. (Zitiert nach Benjamin H. Bissel, »The American Indian in the English Literature of the 18th Century«, Yale University Press, New Haven, 925).

39 Williem W. Warren, »History of the Ojibways, based upon Traditions and Oral Statements«, 1885, Neuauflage: Ross and Haines 1957, »History of the Ojibway Nations«, S. 72–73

41 Worte von Mato Kuwapi aus Densmore: »The Sioux Music«

42 Eastman (Ohysea), »The Soul of the Indian«, S. 45

43 James Owen Dorsey, »A Study of Sionan Cults«, 11th Annual Report of the Bureau of Ethnology 1889–1890, Washington D.C., 1894, S. 435. (Zitiert nach Claude Levi Strauss, »Totemism«, Copyright 1963 bei Beacon Press, S. 98, Erstveröffentlichung in Frankreich 1962 bei Presses Universitaire de France unter dem Titel »Le Totemisme Aujourd'hui«, Copyright 1962).

45 Densmore, »Teton Sioux Music«, S. 95–96

46 Franz Boas, »Ethnology of the Kwakiutl«, (nach einer Datensammlung von George Hunt), 35 th Annual report of the Bureau of American Ethnology 1913–14, Washington D.C. 1921, S. 617, 618, 619. Das Material stammt aus Erna Gunterhs Einführung in »Further Analysis of the First Salmon Ceremony«, University of Washington Press, Seattle 1928, S. 142

48 »Black Eagles Speaks Being the Life Story of a Holy Man of the Oglalla Sioux«, aufgezeichnet von John G. Neidhardt, Copyright 1961, University of Nebraska Press, Lincoln 1961, 198–200

49 Curtis, »The Indian Book«, S. 49

Der beharrte Mann aus dem Osten

51 Häuptling Luther Standin Bear, »Land of the Spotted Eagle«, S. XIX

53 Worte von Sitting Bull nach Stanley Vestal: »Sitting Bull, Champion of the Sioux«, Houghton Mifflin, Boston und New York 1932, S. 97

54 Pater Chrestien Le Clercq, »New Relation of Gaspesia, with the Customs and Religion of the

Gaspesian Indians«, übersetzt und herausgegeben von William F. Ganong, The Champion Society, Toronto 1910, S. 104–106

56 Reuben Gold Twaites (Hg.), »Lahontan's New Voyages to North America«, McClurg, Chicago 1905, Kap. 2, S. 533

57 George Bird Grinell, »Pawnee Hero Stories«, Forest and Stream Publishing Company, New York 1889, Neuafulage University of Nebraska Press 1961

59 Zitiert aus Dee Brown, »Bury my Heart at the Wounded Knee«, Holt, Rinehart and Winston, New York 1970, S. 316

60 Helen Addison Howard, »War Chief Joseph«, The Caxton Printers 1941, S. 84

62/63 Samuel G. Drake, »Biography and History of the Indians of North America«, Third Edition O.L. Perkins and Hillard, Gray and Company, Boston 1834, Buch I, Kap. 35, S. 27

66 Norman B. Wood, »Lives of Famous Indian Chiefs«, American Indian Historical Publishing Company, Aurora/Illinois, 1906, S. 254–256; und William L. Stone, »Life and Times of Sa-Go-Ye-Wat-Ha or Red Jacket«, Whiley and Putnam, New York und London 1841, S. 189–193

69 William L. Stone, »Life and Times«, S. 334, siehe auch F.W. Hodge (Hg.), »Handbook of American Indians North of Mexico«, Bulletin 30, Bureau of American Ethnology 1907, Kap. 2, S. 360–363

70 M.I. McGreight, »Firewater and Forked Tounges, a Sioux Chief Interprets U.S. History«, Trail's End Publishing Company, Pasadena 1947, S. 61

72 Samuel Griswood Goodrich, »Lives of Celebrated American Indians«, Bradbury, Soden, Boston 1843, S. 179–180

75 Mündliche Überlieferung der Delewares nach John Heckewelder, »History Manners of the Indian Nations Who Inhabited Pennsylvania and the Neighboring States«, Berichte der Historical Society of Pennsylvania 1876, S. 77

77 »Black Elk Speaks«, S. 8,9,62,217

79 Katharine C. Turner, »Red Man Calling on the Great White Father«, Copyright 1951 bei der University of Oklahoma Press, S. XIII, siehe auch: »Niles Weekly Register«, 36, Nr. 36 (20. Juni und Oktober).

80 Curtis, »The Indians Book«, S. 39

83 W.F. Johnson, »Life of Sitting Bull and History of the Indian War of 1890–91«, Edgewood Publishing Company 1891, S. 201–202

84 Indian Affairs«, Reihe: Miscellanous letters 1812–1869, ausP The Public Archives of Canada, Ottawa

87 Thomas Jefferson, »The Writings of Thomas Jefferson«, Taylor and Maury, Washington D.C., 1854, S. 308–309

88 Heckewelder, »Indian Nations«, S. 81

89 George P. Donehoo, »Carlisle and the Red Men of the other Days«, zitiert in »The American Indian«, Kap. 4, Nr. 5, Februar 1930

91 Drake, »Biography and History«, S. 100–101

93 zitiert nach »The American Indian«, Nr. 11, August 1929

94 Charles H.L. Johnston, »Famous Indian Chiefs«, L.C. Page, Boston 1909, S. 380

96 Zitiert nach Jacobs und Landau, »The serve the Devil«, Kap. I, S. 3–4

97 John Peter Turner, »The North West Mounted Police 1873–1893«, Kap. 2, Kings Printer and Controller of Stationary, Ottawa, 1950, Vol. 1, S. 368. Wiedergegeben mit der Genehmigung des Kanadischen Informationsbüros.

98 Aus den öffentlichen Archiven des Staates Kanada, aus vertraulichen Unterlagen des Justizministeriums über den Louis Riel-Prozeß, zitiert nach G.F.G. Stanley, »The Birth of Western Canada«, University of Toronto Press Toronto 1960.

100 Charles Alexander Eastman (Ohysea), »Indian Heros and Great Chieftains«, Little Brown, Boston 1918, S. 102

102 »Answer to the Report of the Honorable Dawes Comission«, der Chotktaw und Chicksawa Völker. Flugschrift Nr. 7.

105 Häuptling Luther Standing Bear, »Land of the Spotted Eagle«, S. 250

106 Lewis H. Morgan, »League of the Ho-De-No-San-Neer or Iroquois«, Dodd Mead, New York 1904, Buch 3, S. 104–105; Auch zitiert in Jacobs und Landau, »To serve the Devil«, vol. 1, S. 62–63

108 Frank B. Lifermann, »Plenty Coups, Chief of the Crows«, University of Nebraska Press 1962, S. 227–228, siehe auch Charles Hamilton (Hg.), »Cry of the Thunderbird«, Macmillian, New York 1950.

109 Häuptling Luther Standin Bear, »Land of the Spotted Eagle«, S. 248

114 Simmons (Hg.), »Sun Chief«, S. IX,X (Vorwort)

116 Eastman (Ohysea), »The Soul of the Indian«

Meine Stimme ist schwach geworden

117 Black Hawk, »Autobiography«, S. VII

119 Worte von Chiparopai aus Curtis, »The Indians Book«, S. 159

120 Morgan, »League of the Ho-De-No-Nee«, Buch 2, S. 266–267

121 Zitiert nach »The American Indian«, vol. 2, Nr. 8, Mai 1928

123 Wood, »Famous Indian Chiefs«, S. 261,, siehe auch Stone, »Life and Times«, S. 311

125 Zitiert nach Brown, »Bury my Heart«, S. 321

126 Howard, »War Chief Joseph«, S. 282, siehe auch Report des Kriegsministeriums der Vereinigten Staaten 1877, S. 630

127 Lucullus V. McWorther, »Hear me my Chiefs!«, Cladwell, Idaho 1952, S. 510, 511

129 Häuptling Joseph, »An Indian's View of Indian Affairs«, aus »North American Review 128«, 1879.

131 Curtis, »The Indians Book«, S. 569

134 »Documents and Official Reports Illustrating the Causes which led to the Revolution in the Government of the Seneca Indians, in the Year 1848 and to the Recognition of their Reperesentative Republican Constitution, by Authorities of the United States and of the State of New York«, W.M. Woody and Son 1857, S. 66–67

136 A.R. Fulton, »The Red Men of Iowa«, Mills, De Moines 1882, S. 238

137 »Documents and Official Reports«, S. 56–58

140 E. A. Brininstool, »Crazy Horse«, Wetzel, Los Angeles 1949, S. 53–61

142 Joseph K. Dixon, »The Vanishing Race«, Doubleday, Page, Garden City 1913, S. 189

144 Zitiert nach »The American Indian«, vol. 4, Nr. 3, Dezember 1926, aus: »A Chieftains Farewell Letter to the American People«, von Muriel H. Wright.

146 Drake, »Biography and History«, Buch 5, Kap. 8, S. 136–137

149 Black Hawk, »Autobiography«, S. VII

150 Turner, »Mounted Police«, vol. 1, S. 584

151–154 Zitiert nach »The American Indian.«, vol. 4, Nr. 5, Februar 1930

156 Geronimo, »His own Story«, von Geronimo, herausgegeben von S. M. Barret; neu herausgegeben und eingeleitet von Frederick W. Turner III, Copyright Einleitung und Anmerkungen bei F.W. Turner 1970, E. P. Dutton, New York, S. 170, 173

158 »Black Elk Speaks«, S. 199–200

160 Barrett, »Geronimo«

161 »Black Elk Speaks«, S. 278–280

162 William J. Harsha, »Ploughed Under, The Story of the Indian Chief told by himself«, 1881, S. 249–250

163 Die Worte von Tecumseh aus: History of the Choktaw, Chickasaw and Natchez Indians«, S. 248

Wenn wir uns unterwerfen, sterben wir

165 Zitiert nach Vine Deloria, gekürzt übernommen von S. IX, X aus »The New Indians« von Stan Steiner, Harper and Row, New York. Copyright 1968 bei Stan Steiner

170 Jaccobs und Landau, »To serve the Devil«, vol. 1, S. 84–85

174 Harold Cardinal, »The Unjust Society, The Tragedy of Canada's Indians«, Edmonton, Hurtig, S. 27–30

176 »New York Times«, August 1970

179 Waubageshig (Harvey McCue, Hg.), »The Only Good Indian; Essays by Canadian Indians«, Copyright 1970, New Press, Toronto, S. 124